hänssler

Klaus Eickhoff

Wie ein
Spatz im Käfig

Die Freiheit finden,
die wirklich zählt

Klaus Eickhoff, Jg. 1936, verheiratet, sechs Kinder.
Graveur, Theologe, Gemeindepfarrer, Aufbau und Leitung des Werkes
für Gemeindeaufbau in der ev. Kirche in Österreich.
Jetzt freier Theologe, Autor.

Hänssler-Taschenbuch
Bestell-Nr. 393.596
ISBN 3-7751-3596-0

© Copyright 2000 by Hänssler Verlag, D-71087 Holzgerlingen
Umschlaggestaltung: Daniel Kocherscheidt
Satz: Vaihinger Satz & Druck
Druck und Bindung: Ebner Ulm
Printed in Germany

Inhalt

Gängige Vorurteile

Glauben – wie macht man das?

An die Leserinnen und Leser

und Leser

Halten Sie vom christlichen Glauben wenig oder nichts?

Langweilt Sie alles Christliche oder macht es Sie wütend?

Geht Ihnen das Reden vom »lieben Gott« auf die Nerven?

Dann wurde dieses Buch für Sie geschrieben!

Mir geht es um die Wahrheit, von der ich in früheren Jahren nicht geglaubt hätte, dass es sie gibt. Heute von ihr gepackt, wünschte ich leidenschaftlich, dass Sie auch zu ihr finden. Geben Sie der Ewigkeit und sich selbst eine Chance. Ihr Leben wird eine stille Revolution erfahren.

Diese Schrift geht auf Vorträge zurück, die ich in Österreich, Deutschland, in der Schweiz, Namibia, Südafrika und Nord- und Südamerika gehalten habe. Der Vortragsstil wurde belassen. Ich rede Sie also an, als säßen Sie vor mir.

Wenn Sie das Buch gelesen haben, geben Sie es weiter!

Wir Menschen sind zu kostbar, als dass wir in der Sackgasse würdeloser Verwesung enden. Es gibt einen Weg da heraus! Den zeige ich Ihnen. Der Weg hat einen Namen.

Aber – lesen Sie selbst.

Spatz im Käfig

Er will raus

Als ich acht Jahre alt war, zog meine Mutter mit mir von Berlin in die Senne bei Bielefeld. Dort hatte Onkel Ewald ein Häuschen, in dem wir mitwohnen durften. Im großen Garten gab es einen Hühnerstall. Onkel Ewald hatte dem Federvieh außerhalb des Stalls ein Gehege gemacht, einen Auslauf aus Maschendraht. Nun konnten die Hühner wohl ein Stückchen aus ihrem Stall heraus, aber aus dem Gehege kamen sie nicht. Am Maschendraht war die Welt für sie zu Ende.

Wenn ein Huhn versuchte, über den Draht zu flattern, war es schnell wieder unten. Onkel Ewald hatte den Maschendraht wie ein durchsichtiges Dach auch über den Auslauf gespannt. Das Gehege war hermetisch abgeschlossen.

Und doch muss da ein Loch gewesen sein. Eines guten Tages jedenfalls flatterte ein Spatz im Auslauf. Das war ein tolles Ding. Irgendwie war er da hineingekommen, aber kam nun nicht mehr heraus. Mein Puls fing an zu rasen. Endlich! Ich hatte nämlich seit einiger Zeit einen Vogelbauer. Seitdem wartete ich sehnsüchtig darauf, endlich jemanden zu haben, den ich da hineintun konnte. Nun flatterte ein Spatz im Hühnerstall.

Können Sie sich vorstellen, wie es einem Achtjährigen da ergeht? Mann, das war die Sensation! Ich rein in den Auslauf. Es dauerte auch nicht lange und ich hatte ihn, meinen Spatz. Ein Prachtexemplar. Toll!

Ich kam mir vor wie ein Indianerhäuptling, der große Beute gemacht hatte. Den Vogel fest und doch vorsichtig in der Hand versprach ich feierlich: »Du wirst es gut bei mir haben.«

Der Piepmatz aber sah mich nur mit ängstlichen Augen an. Ich steckte ihn in meinen Vogelkäfig. Der hatte glänzende Messingstangen. Die sahen aus wie pures Gold.

Mein kleiner Freund bekam alles, was ein Spatzenherz begehrte. Körner besorgte ich ihm. Wasser bekam er auch. Und weil ich es ihm besonders schön machen wollte, tat ich noch Zucker hinein. Er sollte es gut bei mir haben.

Da saß er nun in seinem goldenen Käfig.

Moment mal – der saß nicht, der tobte, wie ein Wilder. Er schlug mit seinen Flügeln um sich. Das Wasser spritzte. Die Körner flogen. Die Messingstäbe zitterten.

Dann besuchte mich Walter. Er war zwei Jahre älter als ich. Als er meinen tobenden Liebling betrachtete, sagte er irgendetwas wie: »Dein Vogel hat wohl 'nen Vogel« oder »Dein Spatz hat 'ne Meise«.

»Warum ist er nur so unzufrieden?«, ächzte ich.

»Weißt du, dem passt das alles nicht«, sagte Walter.

»Wieso passt ihm das nicht? Der hat doch alles, was er braucht: einen wunderschönen Käfig, viel zu futtern und Wasser mit Zucker drin.«

»Nee«, sagte mein Freund, »der will raus. Hier drinnen in seinem goldenen Käfig geht er kaputt.«

»Aber der hat doch alles.«

»Ja«, sagte Walter, »das genügt eben nicht. Der sehnt sich nach draußen.«

Da flatterte der kleine Kerl mit großer Sehnsucht im

engen Käfig. Er konnte nicht heraus. Ich wollte ihm entgegenkommen. So habe ich mein Zimmer abgeschlossen, das Fenster verriegelt und – den Käfig aufgemacht. Schnell war der Sperling draußen. Er flog an die Gardine, ließ sich fallen, flatterte auf den Schrank, gegen das Fenster, immer wieder. Schließlich hockte er völlig erschöpft in einer Zimmerecke.

»Biste denn immer noch nicht zufrieden?«

Nein, er war immer noch nicht zufrieden.

Wissen Sie, was er wollte? Er wollte raus. Nicht so ein kleines bisschen in meinem engen Zimmer, sondern ganz und gar. Aber ich tat ihn in den Käfig zurück.

Große Unruhe hatte den gefiederten Freund gepackt. Er platzte vor Sehnsucht nach Freiheit. In ihm brannte heißes Verlangen nach der Weite, für die er geschaffen war. Das war nicht mein Zimmer oder der Käfig. Aber ich begriff das nicht. Er war nicht mehr in der Weite, aus der er kam. *Aber die herrliche Weite war in ihm.* Das war sein Problem.

Da saß das Wesen mit seiner Sehnsucht nach dem großen Leben, für das es bestimmt war, und war doch so weit davon entfernt.

Mit 17 hat man noch Träume

Sehnsucht nach dem Leben – kennen Sie die auch? Manchmal denke ich, uns geht es wie dem Spatz im goldenen Käfig. Da ist eine seltsame Unruhe im Menschen. Es treibt ihn hin und her. Sehen Sie sich die Gesichter an und Sie wissen, dass alle Menschen Sehnsucht haben. Schauen Sie sich ins Herz und Sie wissen, dass Sie selbst voller Sehnsucht sind.

Ich weiß von Leuten, die in die Jahre kommen und plötzlich unruhig werden: »Ist das eigentlich schon das große Leben, das ich einmal leben wollte?«

Nein, das ist es noch nicht. Ob es vielleicht noch kommt?

Wolf Biermann hat ein Lied an einen 50-Jährigen geschrieben: »Das kann doch nicht alles gewesen sein. Wann kommt endlich das Leben ins Leben hinein?«

Das große Leben – wie sieht das aus?

Viele haben das Gefühl, dass ihnen die Jahre wie Sand zwischen den Fingern zerrinnen. Sie werden nervös und ahnen: Das, was sich inzwischen eingespielt hat, läuft weiterhin ab, wie ein Faden von der Spule, Tag für Tag, Woche für Woche, Monat für Monat, Jahr für Jahr. Das bleibt nun so. Da kommt nicht mehr viel.

Dann gerät man noch einmal in Bewegung. Bei Männern spricht man von der Midlife-Crisis. Viele werden hektisch. Sie flattern wie ein Vogel im Käfig, toben ein paar Jahre wie wild herum. Und dann? Dann beruhigen sie sich wieder. Schließlich und endlich resignieren sie.

Resignation ist enttäuschte Sehnsucht, Sehnsucht, die das Leben packen wollte, aber spürt, dass sie danebengriff.

Es gibt viele Möglichkeiten, das Leben zu leben. Die Sehnsucht treibt uns auf tausend Wegen vor sich her.

Wohin aber führen sie? Führen sie nur in ein Nichts?

Ich denke an junge Leute. Sie meinen, dass das große Leben vor ihnen liegt. Von Erwachsenen wird ihnen gesagt: »Du bist jung. Du hast das Leben noch vor dir. Du hast viele Möglichkeiten, das Leben zu leben.«

Das klingt gut, aber ist es auch wahr?

Kürzlich las ich den Satz: »Irgendwie habe ich es mir voller vorgestellt, als ich mir sagte, ich will das Leben in vollen Zügen genießen.«

Junge Leute haben statistisch gesehen mehr Jahre vor sich als alte. Es sieht jedoch nur so aus, als ob sie tausend Möglichkeiten ausleben könnten. Am Ende wird jeder nur *eine* einzige ausgeschöpft haben. Am Ende wird jeder nur *einen* einzigen Lebenslauf schreiben können. Am Ende ist jeder nur *einen* Weg gegangen, hat nur *eine* Spur verfolgt.

Ich habe Menschen erlebt, die am Ende erkannt haben, dass sie die falsche Möglichkeit gewählt hatten. Das am Ende des Lebens zu begreifen, ist schlimm. Niemand kann das gelebte Leben dann zurückholen. Falsche Vorzeichen lassen sich am Ende nur schwer korrigieren. Es kann einem das eigene Leben schwer auf den Kopf fallen. Viele sinken schließlich enttäuscht ins Grab.

Das darf Ihnen nicht widerfahren!

Machen Sie sich nichts vor: Einmal kommt der Tag, da sind Sie mit Ihrem Leben am Ende. Wie wird dann Ihre Erkenntnis über Sie selbst sein, über Ihr Leben, das Sie jetzt leben?

Die Frage wiegt zentnerschwer.

Menschliche Geschichte ist die Geschichte einer großen Sehnsucht. Darin sind wir eingetreten, laufen in der Weltgeschichte einen kurzen Moment herum. Was wird sein, wenn Sie am Ende entdecken müssten, dass Sie am Eigentlichen vorübergegangen sind?

Darf ich zu jungen Leuten etwas sagen: Vor Ihnen liegt das Dasein vielleicht noch wie ein unentdecktes Land. Sie meinen – irgendwie zu Recht – »das Leben ist toll!« Einer unserer Söhne hat als Dreizehnjähriger aus dem Grunde seines Herzens zu mir gesagt: »Du, Vati, das Leben ist sooo schön!« Das ist mir nahe gegangen. Einerseits wollte ich ihm Recht geben: »Ja, das Leben ist schön!« Ich habe aber junge Leute erlebt, die das auch gemeint haben. Dann sind sie später hart und bitter hingefallen. Da war es gar nicht mehr schön.

Was wird sein, wenn Sie das Leben durchschritten haben? Was wird sein, wenn Sie entdecken, dass das Leben auch brutal sein kann? Was wird sein, wenn sich Hoffnungen zerschlagen, Glück zerbricht? Was wird sein, wenn Sie die Tretmühle des Alltags langsam mürbe macht und ein Ideal nach dem anderen den Bach runtergeht? Was wird sein, wenn Sie erfahren, dass das Leben eng sein kann wie ein Käfig? Man kommt nicht heraus.

Früher sangen wir einen Schlager: »Mit siebzehn hat man noch Träume«. Klar, aber was dann? Was ist, wenn man fünfundzwanzig ist oder dreißig, vierzig, fünfzig oder noch älter? Das geht schneller, als die meisten denken. »Aus der Traum«, sagen dann viele müde, matt und resigniert.

Der Enttäuschung vorbeugen

Wissen Sie, was ich Ihnen wünsche? Dass Sie nie sagen müssen: »Aus der Traum.«

Aber wie wollen Sie das hinkriegen? Wie bewahrt man sich davor, vom Leben enttäuscht zu sein?

Enttäuschung ist die Aufhebung einer Täuschung. Wer heute enttäuscht ist, hat sich gestern täuschen lassen. Und wer morgen enttäuscht sein wird, ist jemand, der sich heute täuschen lässt.

Sind Sie jemand, der oder die sich heute täuschen lässt und darum morgen garantiert enttäuscht sein muss?

Gibt es eine Möglichkeit, sich vor enttäuschenden Träumen zu bewahren oder ist die große Enttäuschung vorprogrammiert?

Viele haben sich von vergänglichen Dingen täuschen lassen. Sie haben sich z. B. ein erfülltes Leben vom beruflichen Erfolg versprochen. Sie waren tüchtig, haben vieles geschafft. Ich habe Leute erlebt, die auf der Höhe ihrer Karriere gemerkt haben, wie leer ihr Leben trotz aller Fülle geblieben ist. Immer wieder hören wir von Menschen, die auf der Höhe ihres Lebens scheinbar unmotiviert Selbstmord begingen.

Was ist das?

Da hat der Erfolg nicht gehalten, was man sich versprach. Man hat sich täuschen lassen.

Vielleicht versprechen Sie sich einiges vom fleißig erworbenen Besitz. Das ist ja auch eine gute Sache. Dennoch kann es sein, dass Sie diese guten Dinge mit zu viel Hoffnung belegen und *so* viel von ihnen erwarten, dass Sie zwangsläufig enttäuscht werden müssen.

Nicht die Dinge versprechen uns etwas. Wir sind es, die sich von den Dingen etwas versprechen, nämlich die Erfüllung unserer Sehnsucht nach dem Leben. Damit überfordern wir die Dinge. Was wir von Dingen oder Menschen erwarten, kann von diesen nicht geleistet werden.

Muss das Spiel von Täuschung und Enttäuschung sein?

Ich denke nicht. Es gibt eine Möglichkeit, sich vor enttäuschenden Träumen zu bewahren: Man muss von vornherein mit wachen Augen durch dieses Leben gehen. *Wir müssen nüchtern werden.*

Die Frage heißt nur: Was ist Nüchternheit?

Nüchtern ist der Mensch, der die Dinge so sieht wie sie sind.

Wir müssen die Sehnsucht kennen – und wir müssen wissen, woher sie kommt und wie sie gestillt wird. Solange wir das nicht wissen, haben wir über uns selbst das Entscheidende nicht erkannt. Solange uns unbekannt bleibt, wie sich unsere Lebenssehnsucht erfüllt, werden wir von uns selbst niemals etwas Wesentliches begreifen.

Wie wird die Sehnsucht erfüllt?

Mein Spatz kann hier weiterhelfen.

Die Unruhe verrät unsere Herkunft

Was war dem Sperling widerfahren? Sein kleines Leben wurde von einer Katastrophe durchzittert. Er lebte nicht in dem Element, das er brauchte, um wirklich leben zu können. Ein Vogel gehört hinaus in die Sonne, in den Regen, in den Sturm. Meine Dachkammer mit den schrägen Wänden, machte ihn krank. Und dann noch der Käfig! Es war zu eng. Enge erzeugt Angst. Er war nicht für die Enge geschaffen, sondern für die Weite.

Der Grund seiner Unruhe bestand darin, dass er für mehr geschaffen war, als für einen Käfig. Das war auch das Geheimnis seiner Sehnsucht. Sie war auf Größeres angelegt als auf ein »goldenes« Gefängnis.

Die Unruhe des Vogels verriet seine Herkunft und seine Bestimmung. Der Spatz kam aus der Freiheit, und es zog ihn in die Freiheit.

Eine vergleichbare Unruhe durchzittert unser Dasein. Die Unruhe nach Größerem, als wir selber sind, sitzt uns tief in der Seele. Die Unruhe nach dem, was mehr ist als unser Leben, bestimmt uns mehr, als wir ahnen.

Was aber ist mehr als unser Leben?

Seit es den Menschen gibt, ist er am Fragen, am

Suchen, am Forschen. Er sehnt sich danach, über sich selber hinauszukommen.

Wonach fragt er?

Wonach sucht er?

Wonach sehnt er sich?

Viele sagen: »Ich weiß es nicht. Ich kenne die Unruhe nicht, die mich treibt. Ich weiß nur, dass mir das Leben zu eng ist.«

Hinter allem steckt unser Geheimnis: *Die Unruhe verrät unsere Herkunft*. Die Sehnsucht nach dem Leben meint mehr als unser vergängliches Dasein.

Aber was ist dieses »Mehr«?

Das Leben ist zu kurz

uf einer Hochzeitsfeier sprach mich ein Landwirt an, vorwurfsvoll, als wolle er sich beschweren: »Herr Eickhoff, das Leben, das Leben!«

Er stockte. Ich blickte ihn erwartungsvoll an.

»Das Leben ist zu kurz!«

Er war etwa fünfzig.

Wir kamen ins Gespräch. Irgendwann hörte ich mich sagen: »Und wenn wir fünfhundert Jahre alt würden, wetten, dann würden wir dasselbe sagen: *Das Leben ist zu kurz*. Ist es so?«

»So ist es«, sagte er.

Das Leben ist uns zu eng, zu kurz. Wir möchten mehr, als wir haben, möchten mehr sein, als wir sind.

Was aber ist dieses »Mehr«?

Wie viel Mühe und Schweiß, wie viel Anstrengung und Arbeit machen wir uns um dieses bisschen *Mehr*. Und dann hat man vielleicht den alten Käfig verlassen, aber spürt: Das Eigentliche ist es immer noch nicht. Dafür gibt es ein untrügliches Kennzeichen: *Man kann immer mehr haben, aber die Sehnsucht geht nicht weg.* Immer noch zieht es uns nach Größerem. Immer noch ist die Sehnsucht da und man fragt und fragt.

Es gibt auch Menschen, die fragen nicht, oder besser, die fragen nicht mehr. Scheinbar wissen die schon alles.

Fragen, *Über-sich-selbst-Hinausfragen*, gehört zur besonderen Würde des Menschen. Wer so nicht fragt, begibt sich unter seine Menschenwürde, gibt sein Menschsein auf. Wer nicht fragt, wird natürlich kaum Antwort bekommen. Wer nicht sucht, wird selten finden.

Ich klage Sie nicht an, wenn es Ihnen so ergehen sollte. Die scheue Zurückhaltung, über die eigene Sehnsucht und die letzten Fragen nicht nachzudenken, ist bei Licht besehen oft Angst. Es ist die Angst, dass man zu fragen anfängt und womöglich keine Antwort bekommt.

Keine Antwort auf die Frage aller Fragen zu bekommen, ist schrecklich. Davor Angst zu haben, ist verständlich. Manche ziehen es darum vor, solche Fragen zu verdrängen. Dann spüren sie die Leere nicht so.

Angst kommt aus der Enge, sagte ich. Die Wörter Angst und Enge haben in unserer Sprache die gleiche Wurzel. *Angst kommt aus der Enge, in der man lebt, in die man aber nicht gehört.*

Wenn Sie bereit sind, über sich selbst hinaus zu fragen, vielleicht vorsichtig, tastend, beginnen Sie aus Ihrer Enge auszubrechen, aus der Angst, aus der Hoffnungslosigkeit.

Sie sollen wissen: Es gibt eine große, befreiende Antwort.

Woher die Sehnsucht kommt

Woher kommt die Sehnsucht? Wer hat sie uns in die Herzen gebrannt?

Das war der, ohne den wir nicht einen einzigen Atemzug zustande kriegten, der das Leben geschaffen hat. In glühender Leidenschaft will er, dass wir leben, ewig leben. Er will, dass wir die Qualität des Lebens gewinnen, die alles Vergängliche überdauert.

Das Wort *Lebensqualität* macht die Runde. Politiker versprechen uns »mehr« Lebensqualität. Prüfen Sie einmal, was damit gemeint ist: *mehr Gehalt, mehr Urlaub, mehr freie Zeit.* Das ist gut. Aber das sind Quantitäten, keine Qualitäten. Ich kenne Leute, die haben Freizeit, Urlaub und Geld, mehr als sie je aufbrauchen können. Aber im Grunde existieren sie ohne Sinn. Manche quält ihre Sinnlosigkeit regelrecht. Quantitäten erheben unser Leben nicht zu einem sinnvollen Dasein. Sie haben das noch nie zustande gebracht.

Uns, in den reichen Ländern, machen die Quantitäten langsam kaputt. Es geht um Qualität! Unsere Sehnsucht danach ist uns von dem ins Herz gelegt worden, der uns geschaffen hat. Er hat den Schrei nach dem Leben in uns laut werden lassen. Er hat die Sehnsucht nach ewigem Leben in unser Herz gelegt, weil er selber das Leben ist. Wir sind auf Leben angelegt, nicht auf Sterben, Tod und würdeloses Verwesen. Wir sind auf Ewigkeit angelegt.

Ihre Sehnsucht nach dem Leben ist Ihre unerkannte Sehnsucht nach Gott. Dass Sie die haben, hat Ihr Schöpfer gemacht. Ihre Seele hat Sehnsucht nach ihm. Ob Sie an ihn glauben oder nicht, spielt im Moment gar keine Rolle. Ob Sie das für möglich halten, ist auch nicht die

Frage. Ob Sie das für denkbar halten, auch das ist es nicht, worum es jetzt geht. Wenn etwas wahr ist, dann ist das auch ohne Ihre und meine Zustimmung wahr.

Hunger nach dem Leben ist verborgene Sehnsucht nach der Ewigkeit. Aus ihr kommen wir. Zu ihr zieht es uns zurück.

Die Menschen ahnen nicht, dass ein ewiges Verlangen in ihnen brennt. Darum versuchen sie ihre Sehnsucht mit kleinen vergänglichen Abenteuern zu stillen oder mit Tüchtigkeit im Beruf, mit dem Erwerb einer sicheren Existenz. Aber der Hunger bleibt ungestillt. Wir mögen Champagner trinken und uns verlieben, wir mögen heiraten und Kinder haben. Eine Zeit lang wird die Sehnsucht dadurch wohl abgelenkt sein. Sie wird aber wieder aufbrechen, denn das alles ist noch nicht das Leben. Das ist höchstens ein Ausschnitt, ein Teil, aber nicht das Ganze. Die Sehnsucht wird sich wieder melden, immer wieder und sei es nur in der Form einer uns unerklärlichen Resignation.

Wenn es ans Sterben geht – auf jeden von uns kommt das ja zu – wird all Ihre Sehnsucht wieder aufbrechen und es wird über Ihre Lippen kommen, was Ihre Seele in all den Jahren geflüstert hat: »Ich will leben, leben. Ich will nicht sterben.«

Wir hören, dass es viele psychisch Kranke gibt, ein Heer von seelisch verwundeten Menschen.

Wissen Sie, was bei vielen das Problem ist?

Sie haben ihrer Seele nicht *das* zukommen lassen, was sie braucht. Es ist *das* Leben, das gültig ist, selbst dann, wenn alles andere seine Geltung verliert.

Wenn Sie sich einreden, dass vergängliche Dinge Ihre Seele zufrieden stellen, dann beginnen Sie damit, Ihre Seele krank zu machen. Pfarrer stehen oft an Sterbebetten. Was anderen vielleicht nur einmal im Leben widerfährt, dass sie einen Sterbenden begleiten, erleben Pfarrer oft. Da reiht es sich aneinander wie Perlen auf einer Schnur, das wiederkehrende Rufen nach Leben und – die tiefe Enttäuschung. Manchmal bricht die Erkenntnis auf: »Ich bin da gewesen, aber ich habe nicht gelebt.«

Das muss nicht unser Schicksal sein. Wir haben einen Gott, der will, dass allen Menschen geholfen wird und sie zur Erkenntnis der Wahrheit kommen.

Hunger nach dem Absoluten

Den Hunger nach dem Leben nehme ich sehr ernst. Diese Sehnsucht zielt auf das ganze Leben und nicht auf Teilbereiche, die ohnehin vergänglich sind. In uns brennt eine absolute Sehnsucht. Weil hier absolute Sehnsucht ist, deshalb ist dieser »Lebenshunger« nur durch eine absolute Erfüllung zu stillen. Der leise Schrei, geschrien aus allen menschlichen Kehlen, der in dieser Welt nie verstummt, nie verhallt, der sich hindurchschwingt durch die Jahrhunderte, durch die Jahrtausende bis an das Ende der Zeiten, *dieser Schrei ist absoluter Schrei.* Und weil hier absoluter Schrei nach dem Leben ist, deshalb ist sein Rufen nur durch ein absolutes Leben zu beantworten.

Man muss die Sehnsucht kennen. *Die Sehnsucht nach dem Leben ist Sehnsucht nach Ewigkeit.* Geringer ist Ihre Sehnsucht nicht. Machen Sie sich selber nicht gering, indem Sie meinen, Ihre Sehnsucht könnte durch Vergängliches satt werden. Sie kann es nicht. Ihre Sehnsucht meint Ewigkeit. Der Höchste hat sie auf sich selbst hin geschaffen.

Vielleicht wollen Sie diese großartige Deutung Ihrer Sehnsucht nicht wahrhaben. Ich habe immer wieder Leute erlebt, die sagten: »Nein, das will ich nicht. Ich will das nicht hören.«

Vielleicht wollen Sie es nicht wahrhaben, dass es die Ewigkeit ist, die bei Ihnen anklopft. Sie können über manches befinden, aber nicht über Ihre Sehnsucht. Sie können nicht darüber befinden, was wahr ist. Sie können nicht einmal darüber befinden, was für *Sie* wahr ist. Wenn es absolute Wahrheit gibt, dann ist diese Wahrheit auch für Sie wahr. Wenn Sie stattdessen etwas anderes wählen, dann ist es dennoch nicht das Wahre. Ihre Seele würde daran zerbrechen.

Über Wahrheiten haben Menschen nie entschieden. Wahrheit entscheidet über uns. Wir sind nicht so groß und so stark, wie wir es gern von uns glauben. Über Entscheidendes bestimmen wir nie. Entscheidendes bestimmt über uns.

Ihre Sehnsucht nach dem Leben ist Sehnsucht nach dem, aus dessen Händen alles kommt. Von ihm kommen auch Sie her und zu ihm zieht es Sie hin.

Ich bitte Sie, dieser Deutung wenigstens einmal standzuhalten und zu fragen: *Wenn das nun wahr ist?*

Dass das wahr ist, ist wahrscheinlicher, als dass es nicht wahr ist. Wie wollen Sie sonst Ihren Hunger nach dem Leben verstehen? Wie wollen Sie Ihre Sehnsucht deuten? Wie wollen Sie deuten, dass Sie am liebsten immer leben möchten? Vielleicht gehen Sie gegen jeden Gottesgedanken energisch an. Dann gehen Sie gegen Ihre Sehnsucht an. Dann gehen Sie gegen Ihren Ursprung an. Dann gehen Sie gegen das Ziel Ihres eigenen Lebens an.

Unsere Sehnsucht meint mehr als die Dinge. Sie meint den, von dem die Dinge sind.

Wer sich an den bindet, von dem die Dinge sind, kann an die Dinge nicht mehr gebunden sein. Die sind vergänglich. Sie müssen enttäuschen. Sie halten nicht durch, sie halten nur hin. Der Schöpfer der Dinge aber hält durch. Er ist nicht vergänglich. Er ist ewig. Die Sehnsucht kennen und wissen, wie sie gestillt wird. Darum geht es!

Ich möchte einen grauenhaften Gedanken äußern.

Grauenhafter Zwischengedanke

Was wäre, wenn sich unsere Sehnsucht nicht erfüllt, weil es keine Erfüllung gibt?

Das wäre eine zynische Situation.

Wie könnte einer ein Kind seelisch quälen?

Er lässt es vierzehn Tage lang hungern. Dann zeigt er ihm ein schmackhaftes Butterbrot. Immer, wenn das Kind zugreift, zieht er die lebensrettende Nahrung zurück. Damit stürzt er das Kind in Verzweiflung. Das wäre ein Zynismus sondergleichen. Das wäre brutal und gemein. Das Kind hat Hunger. Sein Hunger ist der Beweis, dass es Sättigung gibt! Wenn es nun aber keine Sättigung erfährt, geht es der Zerstörung entgegen.

Wir haben Sehnsucht nach dem ewigen Leben. Unsere Sehnsucht ist Hinweis, dass es Erfüllung gibt, ewige Erfüllung. Wenn wir die aber nicht erfahren? Grauenhafter Gedanke! Viele Menschen leben ein zerstörtes Leben, weil sie die Erfüllung nicht gefunden haben. Sie haben nur nach dem geschaut, was weniger ist als sie selbst.

Wir müssen nach dem schauen, was größer ist als wir. Ich habe nichts gegen gut verdientes Geld. Aber

Geld ist weniger als Sie selbst. Nichts gegen ein schönes Haus, aber ein schönes Haus ist weniger als Sie selbst. Nichts gegen Karriere, aber Karriere ist weniger als Sie selbst. Wenn Sie das satt machen soll, was weniger ist als Sie selbst, dann kann es nur den »Bauch« satt machen. Die Seele wird davon nicht satt. Sie schreit weiter, weil sie Hunger hat.

Grauenhafte Situation, wenn es keine Erfüllung gäbe. Wenn das so wäre, dann möchte ich nicht gelebt haben. Dann möchte ich nicht, dass meine Augen diese Welt gesehen hätten. Dann ist alles ein riesengroßer Betrug.

Nun aber ist es anders.

Es gibt ewige Erfüllung. Das haben wir dem zu verdanken, über den ich früher meine Witze gemacht habe und der mir dennoch mit unendlicher Geduld nachgegangen ist. Das ist das Geheimnis unseres Schöpfers, der uns in Jesus menschlich nahe gekommen ist und der unter uns ist, lebendiger als alles, was lebt.

»Wenn du wüsstest ...«

Es gibt eine erregende biblische Szene.

Ein Wanderer sitzt auf dem Rand eines Brunnens. Es ist zwölf Uhr mittags. Die Sonne brennt. Eine Frau kommt. Sie will Wasser schöpfen. Die Frau – das wird bald deutlich – ist von Sehnsucht umgetrieben. Sie hat das Leben in der Liebe gesucht: Da muss doch Erfüllung sein! Sie hat einen Mann gehabt. Der war dann doch nicht der Richtige. Dann einen zweiten, auch diese Liebe erfüllte sie nicht. Dann einen dritten, einen vierten, einen fünften. Jetzt lebte sie mit dem sechsten zusammen. Sie hat das Leben in den Männern gesucht und hat es nicht gefunden. Sie hat aus den Gewässern des Daseins getrunken und ist nicht satt geworden. Unsere Brunnen sind zu klein. Das Wasser in ihnen geht schnell zur Neige.

Sie kommt an den Brunnen. Da sitzt der, der alle Lebenssehnsucht kennt, weil sie von ihm kommt und auf ihn zielt.

Er sagt zu der Frau: »Gib mir zu trinken!«

»Wieso bittest du mich?«, fragt sie.

Da sagt er sinngemäß: *»Wenn du wüsstest, wer ich bin,* dann wäre es umgekehrt. Du würdest mich bitten, dir zu trinken zu geben. Ich würde dir lebendiges Wasser schenken. Jeder, der vom vergänglichen Wasser trinkt, wird wieder Durst haben. Wer aber von dem Wasser trinkt, das ich ihm gebe, wird zur ewigen Erfüllung kommen. Darüber hinaus wird das, was ich ihm gebe, in ihm zu einer Quelle werden, aus der auch noch für andere ewiges Leben quillt.«

Der Mann am Brunnen wusste, wen er vor sich hatte: eine tief enttäuschte Frau. In ihrer Stadt wurde sie wohl als Hure angesehen, weil sie fünf Männer gehabt hatte und der, den sie jetzt hatte, war nicht ihr Mann. Das hat sie fertig gemacht, wie auch die Leute ihrer Stadt sie fertig gemacht haben.

Jesus aber macht sie nicht fertig. Er will sie befreien von dem, was sie fertig macht. Darum sagt er: »Wenn du wüsstest, wer ich bin.«

Verschlüsselt fragt sie: »Herr, wer bist du?«

Sie steht vor dem, der den Kosmos umfängt.

Große Spannung liegt über der Szene und damit über unserer Welt: *Welt, wenn du wüsstest, wer er ist.* Wir nennen uns christliches Abendland, aber Millionen Menschen kennen das Geheimnis des Christus nicht mehr.

Das ist auch die Spannung, die über Ihrem und meinem Leben liegt: *Wenn du wüsstest, wer er ist!*

Haben Sie den Mut zu denken, dass Sie noch nicht alles wissen? Haben Sie das Format zu denken, dass Sie vielleicht nicht wissen, wer er ist?

Die Frau fragt: »Wer bist du?«

Seine Antwort: »Wer von diesem Brunnen trinkt, der wird immer Durst haben.«

Das führt zu allen »vergänglichen Brunnen« dieser Welt. Die Frau mag an ihre enttäuschenden Beziehungen denken oder an andere »Brunnen«, aus denen sie getrunken hat, um ihren Lebensdurst zu löschen. »Wer von diesen Brunnen trinkt, wird immer Durst haben.«

Dann aber: »Wer von dem Wasser trinkt, das ich ihm gebe, den wird niemals mehr dürsten, weil er oder sie bei mir an die Quelle kommt.« (Vgl. Johannes 4)

Sehnsucht und Erfüllung

Wer an den Sohn glaubt, der hat das ewige Leben.« (Johannes 3, 36) Das heißt: »Wer in seinem Durst nach dem Leben zu mir kommt, dessen Durst wird gestillt. Ihr habt Sehnsucht. Die Erfüllung dieser Sehnsucht, bin ich. Ihr seid auf der Suche nach dem großen Leben. Das große Leben bin ich.«

Absolute Sehnsucht kommt zur absoluten Erfüllung! Jesus sagt: »Ihr müsst an die Quelle des Lebens. Die Quelle bin ich. Ihr müsst euch um das Wasser des

Lebens kümmern. Dieses Wasser bin ich. Hier wird Lebensdurst gestillt.«

Ich frage Sie: Absolutes Leben für absolute Sehnsucht, wo wollen Sie das finden? Gehen Sie zu den Philosophen. Sie finden es nicht. Gehen Sie zu den Dichtern und Denkern. Sie finden es nicht. Gehen Sie zu den Akademikern und Intellektuellen. Sie finden es nicht. Gehen Sie zu Ihren Freunden und Nachbarn. Sie finden es nicht. Gehen Sie zu Vater und Mutter. Sie finden es nicht.

Wenn Sie es wagen, zu Jesus Christus zu kommen, dann werden Sie hören, dass er sagt: »*Ich bin es!*«

Ich bin der Weg, die Wahrheit und das Leben.

Ich bin die Auferstehung und das Leben.

Ich bin der Weg.

Ich bin die Tür.

Vielleicht nehmen Sie das zum ersten Mal wahr. Dann ist es wichtig, dass Sie Ihr Herz ihm öffnen. Vertrauen Sie Gottes Wort! Gehen Sie den Weg! Gehen Sie durch die Tür! Weg und Tür ist Jesus! Wer das herrliche »*Ich bin es*« hört, hat die große Chance, sich an ihn zu binden, weil Jesus es darauf angelegt hat, mit uns ewig verbunden zu sein.

Viele in unserem Land sind getauft worden. Vielleicht sind Sie es auch. Unter Umständen hat die Taufe Ihnen nie etwas bedeutet. Vielleicht ist Ihnen nie zu Herzen gegangen, was Taufe ist. Vielleicht ist es Ihnen nie zu Herzen gehend gesagt worden. Wissen Sie, da ist etwas Doppeltes mit Ihnen geschehen. Im Vorgriff des lebendigen Gottes auf Ihr Leben ist Ihnen zeichenhaft etwas genommen worden, nämlich das alte, auf sich selbst eingeengte Leben. Ihr Leben, das im Keim die Zerstörung schon in sich trägt – wurde in der Taufe zeichenhaft zerstört. Taufe bedeutet: *Ich bin ein Mensch, der so, wie er ist, ertränkt werden muss.* So verirrt, so unheilig bin ich vor dem heiligen Gott. Die Taufe ist Ihre vorweggenommene Beerdigung. In der Taufe wird der Mensch in seinem Egoismus zeichenhaft getötet. Da wurde zerstört, was uns zerstört.

Das andere aber: Ihnen wurde in der Taufe zeichenhaft etwas gegeben: Das Siegel des ewigen Lebens wurde Ihnen aufgedrückt. Das Siegel des unzerstörbaren Lebens tragen Sie unsichtbar mit sich herum, wenn Sie getauft worden sind. Durch die Taufe wurde Ihnen ewiges Leben angeboten.

Durch Vertrauen zu Jesus aber *empfangen* Sie, was Ihnen durch die Taufe angeboten wurde. Wenn Sie den Glauben an Jesus verweigern, können Sie nicht empfangen. Dann verschleudern Sie ein Juwel, nicht nur die Taufe, sondern die Ewigkeit.

Ob getauft oder nicht, Jesus hat längst seine Geschichte mit Ihnen. Beginnen Sie, Ihre Geschichte mit ihm zu haben. Oder erneuern Sie Ihre Geschichte mit ihm. Vielleicht ist sie von Ihnen aus einmal abgebrochen worden, aus welchen Gründen auch immer. Ergreifen Sie Ihre Berufung zum Leben! Ergreifen Sie Ihre Berufung zu Jesus Christus!

Jesus sagt: »Wer sein vergängliches Leben an mich verliert, der bekommt das ewige Leben. Wer bereit ist, die Enge aufzugeben, wer leben will in ewiger Qualität, wer Wahrheit und Klarheit will, der komme zu mir. Der bekommt, was niemand zu geben hat, bei mir umsonst.

Der Preis für das ewige Leben ist längst bezahlt. Das wollen uns die Kreuze sagen, die wir in Kirchen und Kapellen sehen. Jedes Kreuz flüstert uns zu: »Deine Rechnung, die du beim Höchsten offen hast, ist bezahlt.«

Wir Menschen, die wir uns gegen Gott verfehlt

haben, müssen mit unserem Leben einstehen. Wir müssen eines Tages die Rechnung unseres Lebens begleichen.

Plötzlich aber steht dort der, in dem sich Gottheit und Menschheit vereinen und bezahlt am Kreuz mit seinem Leben.

Warum?

Damit Sie und ich nicht mehr zu bezahlen brauchen.

Das Teuerste gibt es gratis

Weil er für unsere Schuld bezahlt hat, gibt es für uns Vergebung und ewiges Leben umsonst.

Umsonst heißt nicht billig. Etwas, was umsonst ist, kann teuer sein. Aber für Sie und mich ist dieses Geschenk gratis. Gratis kommt von *gratia*, das heißt *Gnade*.

Christus sagt: »Die Tür zum Leben ist auf, der Preis ist bezahlt. Komm aus der Enge in die Weite, aus der Angst in die Freude, aus der Dumpfheit in die Klarheit, aus dem Tod in das Leben. Die Tür ist auf.«

Mein Spatz ist übrigens nicht mehr lange in der Enge seines Käfigs geblieben. Ohne sein Element, ohne das Leben in der Freiheit wäre er elend zu Grunde gegangen. Nach ein paar Tagen habe ich das begriffen. Ich konnte sein Elend nicht mehr mit ansehen. Da habe ich ihn aus dem Käfig geholt, bin mit ihm zum Fenster gegangen und habe es geöffnet. Dann habe ich ihn noch einmal angeschaut: »Warum willst du denn nicht bleiben?«, habe ich gedacht. Seine kleinen Äuglein schrien mir regelrecht zu: »Weil ich in die Freiheit gehöre!« Da habe ich meine Hand geöffnet. Wow, ist der abgezogen!

Blitzschnell, wie ein Pfeil, mit unbändiger Freude. Ich meine fast, dass er in der Luft vor Begeisterung ein paar Loopings gedreht hat. Was auch immer, er konnte auf das abgestandene Wasser in meinen Näpfen getrost verzichten. Er wusste, wo es Besseres gab.

Die Tür zum großen Leben ist auf. Seit Jesu Tod und Auferstehung ist sie weit geöffnet. Leben Sie nicht eng, nur auf sich und Ihren Lebenskreis bezogen. Leben Sie nicht unter Ihrem Wert! Leben Sie in der Freiheit der Liebe Gottes!

Wissen Sie, was undenkbar gewesen wäre?

Dass mein Spatz, statt begeistert in sein Element zu stürmen, von meiner Hand wieder in den Käfig geflattert wäre. Sein gesunder Überlebensinstinkt, sein Freiheitsdrang, seine »Sehnsucht« hätten das niemals zugelassen. Es wäre auch unter seiner Würde gewesen.

Leben Sie von nun an nicht unter Ihrer Würde! Lassen Sie sich nicht von meinem Sperling übertreffen. Sie sind eingeladen zum Leben mit Ihrem Schöpfer. Kommen Sie heraus aus dem Käfig der Enge, der Selbstbezogenheit. Das große Leben finden Sie bei dem, der das Leben ist.

Sie fragen, wie Sie das bewerkstelligen sollen?

Geben Sie Jesus in einem schlichten Gebet Ihr Ja-Wort. Sagen Sie ihm, dass Sie ihn aufnehmen möchten und mit ihm das ewige Leben. Ein Gebet der Lebenshingabe finden Sie auf den letzten Seiten dieses Büchleins. Machen Sie es doch zu Ihrem Gebet! Sie brauchen darüber hinaus die Gemeinschaft mit einer lebendigen, christlichen Gemeinde. Da wird Ihr Glaube gestärkt, kann tiefere Wurzeln fassen. Fangen Sie auch an, Gottes Wort zu lesen und Jesus im Gebet alles zu sagen, was Sie bewegt. Beten Sie auch für andere Menschen.

*

Ihnen wurde in diesem Kapitel der Weg zum Leben vorgelegt. Um weniger geht es nicht.

Den Fuß auf diese andere Lebenswirklichkeit setzen, den Weg *gehen*, müssen *wir*.

Jesus Christus spricht: »Wen dürstet, der komme; und wer da will, der nehme das Wasser des Lebens umsonst.« (Offenbarung 22,17)

*

Vielleicht rumoren in Ihnen noch unerledigte Einwände. Die kann ich Ihnen nicht einfach nehmen. Ich kann aber die gängigsten aufgreifen. Das möchte ich im nächsten Kapitel tun.

Vorurteile nehmen gefangen

Vorurteile nehmen gefangen

Er hält die Luft an

Ein Tag im Kriegsjahr 1943. Auf dem Bürgersteig vor dem Haus Nr. 22 in der Auguststraße in Berlin-Mitte spielt ein kleiner Junge auf dem Bürgersteig.

Ein Beobachter würde feststellen, dass der Siebenjährige zwischendurch sein Spiel unterbricht und krampfhaft die Luft anhält. Er atmet nicht weiter, steht, wartet. Fest pressen sich die Lippen aufeinander. Dann atmet er wieder. Plötzlich wie aus heiterem Himmel hält er die Luft schon wieder an.

Nein, nicht aus heiterem Himmel. Jedes Mal, wenn der Junge den Atem anhält, hat sich der Kinderhimmel für ihn verdunkelt. Polen oder Russen, oftmals Frauen, an der Kleidung als Ausländer zu erkennen, gehen vorüber. Kriegsgefangene sind es, die als Fremdarbeiter ein kärgliches Dasein fristeten, arme, vom »Herrenmenschen« gequälte Kreaturen.

Das Kind wusste es genau: »Das sind böse Menschen.« Sie sind zu meiden wie eine ansteckende Krankheit. Im Kindergarten hatte der Kleine es schon gehört, dann in der Schule. So hielt er jedes Mal den Atem an, wenn sie daherkamen und er ihnen nicht mehr ausweichen konnte. Als zöge eine Giftwolke vorüber, so empfand das Bürschlein die fremden Menschen.

Der Kleine, der den Atem anhielt, war ich. Nie hatte ich mit solchen Leuten jemals gesprochen, nie hatte ich einen von ihnen kennen gelernt. Aber ein Urteil über sie hatte sich schon tief in meine Gedanken gebohrt.

Ein Urteil? Nein, das war etwas anderes. Es war eine der bösesten geistigen Seuchen der Menschheit, die sich da bereits im Herzen eines Kindes breit gemacht hatte. Es ist die Seuche, die uns ein Stück Hölle auf Erden bereitet, im Kleinen wie im Großen. Wir haben ihr den harmlos klingenden Namen »Vorurteil« gegeben. Von Vorurteilen befallen zu sein, gehört mit zu den kaum beachteten Schrecklichkeiten, die unter uns möglich sind. Kriege entstehen im Geist von Menschen. Sie haben ihre Ursache in Vorurteilen, die sich im Denken gegen andere einnisten wie ein Schwarm böser Geister.

Was ist ein Vorurteil?

Ich wende mich nicht gegen jene »Vorurteile«, ohne die wir nicht leben könnten. Ein Kind wächst in einer bestimmten Familie heran. Dort macht es erste Erfahrungen. Die haben naturgemäß alle eine Eigenschaft: Sie sind einseitig. So erlebt das Kind einen bestimmten Vater, eine bestimmte Mutter. Diese Vater- oder Muttererfahrung führt uns zu einem Urteil. Das Kind wird dieses Urteil verallgemeinern, auf andere Familien übertragen. Ist der eigene Vater ein fröhlicher Typ, glaubt das Kind, so seien alle Väter. Es kommt zu einer Vorprägung, bis es lernt, dass eine andere Familie einen anderen Vater hat, ernst, verschlossen – vielleicht. Die Vorerfahrung, die einem gewissen Vorurteil gleichkommt, ist unbedingt zum Leben erforderlich. Auf dem Hintergrund solcher Vorerfahrung kann das Kind erst andere Erfahrungen unterscheiden. Vorurteile dieser Art müssen sein. Darum aber geht es hier nicht.

Was meine ich mit »Vorurteil«?

Am besten ist es deutlich zu machen an dem Begriff »Urteil«.

Wie kommt ein Gerichtsurteil zu Stande?

Da wird gehört und verhört, bezeugt und widerlegt, gefragt und geantwortet, geprüft und untersucht, viel nachgedacht und immer wieder gefragt, gefragt, gefragt. Ein pulsierender Prozess an Klein- und Kleinstarbeit geht der Entscheidung voraus. Da darf nichts unerkannt, nichts dem Zufall überlassen bleiben. Die Sache muss durchschaut werden, gekannt werden, erkannt werden. Erst am Ende, wenn sie mit allem durch sind, alles erfragt, alles gründlich geprüft haben, bedenken Richter, Ankläger, Verteidiger und Geschworene vor aller Ohren noch einmal das Erfragte und Geprüfte in den Plädoyers. Dann erst, wenn das alles geschehen ist und jeder die Sachlage kennt, fällen sie das Urteil.

Ein Vorurteil dagegen ist ein Urteil, das gefällt wird, ohne die Sachlage oder Person genau zu kennen. Da wurde nicht gefragt, nicht geprüft und nicht auf Grund von Sachkenntnis nachgedacht. Aber ein Urteil hat man trotzdem längst vorher.

Der Geist in der Flasche

in Urteil hat etwas Abschließendes an sich. Wir sprechen vom »abschließenden Urteil«.

Was schließt das Urteil ab?

Einen Denkprozess, die gründliche Untersuchung.

Was aber schließt das Vorurteil ab? Einen um Sachkenntnis bemühten Denkprozess kann es nicht abschließen, denn der kommt beim Vorurteil nicht vor. Das Vorurteil – und hier bricht die Katastrophe auf – schließt den Menschen ab. Es verschließt den Menschen.

Unsere Sprache empfindet vieldeutig: Wir können ein Gespräch beenden, das heißt zum Abschluss bringen. Es ist dann abgeschlossen. Wir können aber auch eine Tür abschließen, dann ist sie – verschlossen.

Auch Menschen können verschlossen sein. Das Vorurteil verschließt. Es schließt Menschen zu. Wir müssen sagen: Nicht ein Mensch hat ein Vorurteil, sondern ein Vorurteil hat einen Menschen. Es ergreift Besitz von ihm, beherrscht ihn.

Im Vorurteil meldet sich eine Unheil bringende Macht. Es ist die Macht, Menschen der Wirklichkeit und Wahrheit gegenüber blind zu machen oder diese zu verzerren. Wirklichkeit und Wahrheit über Personen oder Sachverhalte nicht sehen zu können, kann katastrophale Folgen haben. Menschen werden so gegenüber Personen, Gruppen und Völkern grundsätzlich feindlich eingestellt. Prüfen Sie einmal, wie viele »Urteile« Sie schon über Menschen gefällt haben, ohne sie zu kennen.

»Die Juden sind schlecht.« So sagten die Nazis im Dritten Reich. Dieses Vorurteil genügte, um sechs Millionen von ihnen umzubringen und sich dabei sauber und gerecht zu fühlen. Von Vorurteilen befallen zu sein, ist eine schlimme geistige Verirrung. Vorurteile sind nicht einfach nur Fehlurteile, oftmals sind sie Todesurteile. »Der ist für mich gestorben«, sagen wir oft auf Grund von Vorurteilen.

Vorurteile im Blick auf Menschen heißt: Ich bestimme, wer und wie der andere ist. Der ist nun festgenagelt auf mein »Urteil«. Es geht dabei nicht darum, wie der andere ist, sondern, wie ich ihn beurteile. *Das* wird für wirklich genommen. Der andere darf also nicht er selber sein. Darf er so nicht sein, dann darf er eigentlich nicht sein – »Todesurteil«.

Nur zu gern stecken wir andere in unsere Schubläden. Da lassen wir sie nicht mehr heraus, jahre- und jahrzehntelang. »Typisch Roter«, sagen wir oder »typisch Schwarzer, typisch Linker, typisch Rechter, typisch Ausländer.« So werden Menschen abgeschrieben und erledigt. Das lässt sich unschwer als gedanklicher Tötungsversuch entlarven. Unsere Schubläden sind Särge. Wer einen Menschen in eine Schublade legt, hat ihn geistig eingesargt. Wir nehmen den wirklichen Menschen nicht wahr, weil wir ihn nicht wahrhaben wollen

Albert Einstein hat festgestellt: »Es ist leichter, ein Atom zu zertrümmern als ein Vorurteil.« Vorurteile gehen so tief, dass sie durch fast keine Erfahrung, die sie aufheben müssten, verändert werden. Da bist du anderen Erfahrungen gegenüber abgeschlossen, lässt anderes nicht an dich heran. Als wenn du in einem Gefängnis sitzt, so ist das. Du bist Gefangener oder Gefangene deiner Vorurteile. Du bist nicht frei, sondern unfrei, nicht offen, sondern verschlossen. Da sind Menschen wie in einem Bann. Als sei ihr Geist eingeschlossen wie in der orientalischen Geschichte, in einer Flasche fest zugekorkt.

Die schwerwiegendste
Sache der Welt

Je schwerwiegender eine Sache ist, umso schwerwiegender ist es, ihr gegenüber Vorurteile zu haben.

Ob Äpfel gesund sind oder nicht, hierüber ein Vorurteil zu haben, wiegt nicht schwer, höchstens für Obsthändler. Aber ob Juden schlecht sind oder nicht, das wiegt zentnerschwer. Das kann ihnen das Leben kosten.

Warum das alles?

Ich habe ein Interesse: Ich möchte die heimliche Katastrophe, Vorurteile zu haben, an der schwerwiegendsten Sache des Universums deutlich machen.

Was ist die schwerwiegendste Sache?

Lässt sich das überhaupt sagen? Ist das nicht eine Frage jeweiligen Ermessens? Der eine hält dies für schwerwiegend, der andere das?

Es ist keine Ermessensfrage, was am schwersten wiegt. Das hängt nicht von uns ab, sondern davon hängen *wir* ab.

Das Schwerwiegendste der Welt ist die Sache mit Gott!

»Ha, das ist doch auch ein Vorurteil«, denken Sie vielleicht.

Nun, es ist mit Beweiskraft zu erheben, dass die Sache mit Gott am schwersten wiegt. Wenn Gott ist, ist er die eigentliche Wirklichkeit dieser Welt. Ihn zu ignorieren, wäre *der* Wirklichkeitsverlust schlechthin. Wenn Gott ist, ist er erste und letzte Instanz. Nicht mit ihm zu rechnen, wäre die größte Dummheit unter dem Himmel.

Wenn Gott ist, kommt alles darauf an, ihn nicht zu

verfehlen. Wer aber falsche Vorstellungen über ihn hat, verfehlt ihn bestimmt. Es sei denn, er korrigiert sein verkehrtes Denken.

Aber sind wir, was seine Existenz oder Nichtexistenz betrifft, nicht auf Vermutungen angewiesen? Wer über einen eventuellen Gott etwas sagt, muss sich das doch aus den Fingern saugen. Keiner hat den vermuteten Schöpfer je gesehen. Der ist, wenn er ist, für Menschen verborgen – oder?

Vorurteil! Da wird ausgeschlossen, dass Gott sich uns zeigen könnte. Wer will behaupten, er könne sich den Menschen nicht offenbaren in einer Weise, dass ihn jeder versteht. Wer will ausschließen, dass er das getan hat und tut? Das Buch der Bücher jedenfalls bezeugt genau diese Tatsache.

Einmal erzählt die Bibel selbst von einem dramatischen Vorurteil: Seit Jahrhunderten wartet Israel auf seinen Messias. In ihren Schriften wird er vorweg beschrieben. Sie aber machen sich ihr eigenes Bild: Ein starker Mann muss er sein, ein Gewaltherrscher, der die römische Besatzung aus dem Land vertreibt. Wenn er kommt, so meinen sie, kann er nur mit einem Heer von Ross und Reitern einreiten. Ein elementares Bedürfnis hatte diese Vorstellung in ihnen geweckt.

Eines Tages – mehrere 100 Jahre nach seiner Vorankündigung – ist der große Moment. Da kommt er in seine Stadt. Aber die entscheidenden Leute haben es nicht begriffen.

Während sie gebannt in die Zukunft starren, reitet ein Mann in Jerusalem ein. Einige arme Leute ahnen, dass er der Messias ist. Sie jubeln ihm zu, legen Palmenzweige auf den Weg. Das alles aber spielt sich von der Highsociety unbemerkt ab.

Warum?

Gottes Sohn ritt auf einem Esel. Sie hatten ihr Vorurteil. Darum haben sie ihren Messias verpasst.

Haben Sie auch Ihr Vorurteil? Haben Sie auch Ihr festes Gottesbild und sind dabei, den Ewigen zu verfehlen? Viele Menschen, kirchliche und unkirchliche, verfehlen heutzutage den lebendigen Gott.

Nach den Vorstellungen der damaligen Leute musste der Messias auch besonders gebildet sein. Sie aber stellten fest: »Der Mann aus Nazareth hat ja nicht einmal studiert. Er ist ein Zimmermann. Der kann ja nicht einmal Latein. Gottes Sohn und kein Latein? Nee, das gibt es nicht. Der muss sogar Chinesisch können. Wenn er das nicht kann, ist er nicht Gottes Sohn.« So einfach ist das.

»Gottes Sohn muss auch zaubern können. Los, zeig, was du kannst, so wollen wir dir glauben.« Sie forderten von ihm spektakuläre Zeichen, die er ihnen stets verweigerte.

Das alles heißt: »Bist du Gottes Sohn, dann musst du sein, wie wir dich gerne hätten. Also sei so! Bist du Gottes Sohn, musst du tun, was wir gerne möchten. Also tu das! Tu dies! Tu das! Tu jenes! Du musst dich schon nach uns richten. Du musst so tanzen, wie wir pfeifen, dann bist du Gottes Sohn. Denn wie Gott ist, das bestimmen wir.«

Sie haben den Höchsten verpasst.

Muss der Höchste sein,
wie wir ihn uns vorstellen?

Nach dem gleichen Prinzip behandeln wir auch heute noch die Gottesfrage: Es gibt bekanntlich nur selten total Ungläubige. Irgendetwas glaubt jeder. Menschen machen sich ihre eigenen Gottesvorstellungen. Mit einer Selbstüberschätzung sondergleichen hält nun jeder sein selbst gestricktes Gottesbild für das einzig wahre: Gott muss so sein, wie ich ihn mir vorstelle. Wenn er so ist, dann ist er Gott.

Dabei haben diese Leute eine Erfahrung gemacht, die sie nachdenklich stimmen müsste.

Ich bin kürzlich wieder auf diese Erfahrung gestoßen: Jemand rief mich an und lud mich zu Vorträgen in seine Stadt ein. In den folgenden Monaten kam es zu weiteren telefonischen Kontakten. Endlich war es so weit. Da ich beabsichtigte, mit der Bahn zu fahren, hatten wir ein Zeichen ausgemacht, sodass ich den Mann, der mich abholen wollte, finden konnte. Dann standen wir uns erstmals im Leben gegenüber. Der Mann machte ein total überraschtes Gesicht: »Sie sind Herr Eickhoff? Ehrlich, ich habe Sie mir völlig anders vorgestellt!«

Wer hätte nicht schon von irgendeinem Menschen gehört, sich seine Vorstellung gemacht, um dann zu erkennen: »Er ist ja völlig anders, als ich gedacht hatte.«

So könnte es uns mit Gott auch passieren. Wir denken: So oder so muss er sein. Und dann ist er doch ganz anders. Oder wir denken: »Einen Gott? Nee, den gibt es nicht.« Und dann gibt es ihn doch! Niemand kann das mit Sicherheit bestreiten. Jedenfalls spricht der Umstand, dass es ein Universum mit einer Fülle an Kreaturen und Schöpfungsgeheimnissen gibt, sehr für die Existenz eines Schöpfers.

»Von nichts kommt nichts«, sagen wir. Naturwissenschaftler haben uns aufgeklärt: »Alle Dinge haben ihr Woher!« Aber die Summe aller Dinge – so behaupten wir kühn – hat kein Woher. Sie kommt von ganz allein. Seltsame Kurzgläubigkeit! *Wer nicht glaubt, glaubt auch.* Man muss eine Menge glauben, um dahin zu gelangen, nicht glauben zu müssen.

Nun ist es nicht immer böse Absicht, ein falsches Gottesbild zu haben. Oft steckt Hilflosigkeit dahinter, Sehnsucht nach etwas Halt.

Fast jeder aber hält seine Gottesvorstellung für Gott und glaubt, dass der Höchste dieser Vorstellung entspricht.

Wenn der Höchste sich nun aber nicht auf unsere Vorstellungen einlässt?

Sie können sicher sein: Er lässt sich nicht drauf ein, weil sie falsch sind. »Ich bin nicht der, den eure Fantasien sich ersinnen. Ich bin, der ich bin. Ich werde sein, der ich sein werde!« (2. Mose 3,14)

*

Im Folgenden geht es um einige gängige Vorurteile.

Wenn der da oben Liebe ist, darf es Leid und Krieg nicht geben

Manche sagen: »Religiös bin ich auch! Aber an den Gott der Bibel glaube ich nicht. Wenn er Liebe ist, warum gibt es dann so viel Leid und Kriege auf der Welt?«

Das ist ein bedenkenswertes Thema. Hinter dieser Anfrage steht jedoch ein festes Vorurteil:

Wenn Gott Liebe ist, darf es Leid und Kriege nicht geben?

Woher haben die Leute das?

Das Vorurteil ist gefällt und ist nun mehr als Gott. Es wird zum absoluten Maßstab. Danach muss der Ewige sich richten, sonst läuft er bei uns ins Leere. Auf den Gedanken, dass Kriege und Leid dieser Welt zutiefst mit Gott zu tun haben könnten, kommen die Leute nicht.

Da wird ein süß-sentimentales Gottesbild heraufbeschworen: *der liebe Gott.* Angesichts dieser schrecklichen Welt passt das natürlich nicht. Das süße Bild wird mit unerschütterlicher Naivität für Gott gehalten. Weil der einem aber nun nicht passt, wird er mit gutem Grund verworfen.

Welch eine Verirrung! Leute sagen: Wenn Gott Liebe ist, darf es Kriege nicht geben. Es gibt doch darum Kriege, weil wir Gott, der Liebe ist und Frieden bringt, nicht wollen. Wollen wir die Liebe nicht, bleibt uns nur Hass. Wollen wir den Frieden nicht, bleibt uns nur Krieg. Wollen wir Gott nicht, bleibt uns nur Gottlosigkeit. Die aber ist die Zerstörung des Menschen.

Sie könnten einwenden, dass es sogar Religionskriege gegeben hat, auch und gerade im Rahmen des Christentums.

Das beweist einmal mehr, dass ein bisschen christliche Religiosität wenig taugt. Sie reicht niemals, die Menschlichkeit auf dieser Erde voranzubringen. Veränderung der Herzen tut Not! Dazu kommt es allein durch die persönliche Umkehr zu Jesus Christus. Den Vater kennen wir nur über den Sohn (vgl. Matthäus 11, 27). Nur durch persönliche Umkehr zu Jesus Christus wird Frieden auf Erden.

Warum lässt Gott Kriege zu?

Weil jenseits von ihm Kriege sind, denn Gott ist Friede.

Warum lässt Gott Chaos zu?

Weil jenseits von ihm Chaos ist, denn Gott ist Ordnung.

Warum lässt Gott Zerstörung zu?

Weil jenseits von ihm Zerstörung ist, denn Gott ist Heil.

Aber wie kann er zulassen, dass unschuldige Kinder in schrecklichen Kriegen zu den Opfern gehören?

Während eines Vortrags unterbrach mich ein verwegen aussehender junger Mann. Er war aufgebracht und hatte echte Fragen.

»Ich will dir was sagen«, duzte er mich gleich. »Ich bin als Kind dauernd geprügelt worden. Mein Vater hat meine Mutter verprügelt, meine Mutter hat mich verprügelt und ich habe meinen kleinen Bruder verprügelt. Später bin ich mit meinen Kumpels nachts durch unsere Stadt gezogen und habe Straßenlaternen kaputtgeschmissen. Ich habe viel einstecken müssen und habe viel ausgeteilt. So ist das mit der Welt im Großen und im Kleinen. Wo bleibt da dein lieber Gott?«

Atemlose Stille. Was sollte ich da sagen?

»Als du als kleines Kind dauernd geprügelt wurdest«, antwortete ich, »hast du nicht Gott erlebt. Da hast du Gottlosigkeit erlebt. Die ist nämlich erlebbar. Menschen können handfest gottlos sein! Darunter werden dann unschuldige Kinder, wie du eines warst, bitter leiden. So schrecklich ist nicht Gott. So schrecklich ist Gottlosigkeit! Darum warnt das Buch der Bücher davor. Darum lockt es uns mit immer neuen Liebeserklärungen Gottes in seine Nähe, wo Liebe ist, Frieden, Geborgenheit.«

Gott ist kein religiöser Gartenzwerg, dazu da, den Vorgarten unseres Daseins kirchlich zu verzieren. Er ist Liebe, Heil, Geborgenheit. Gottlosigkeit ist das alles nicht. An ihr können Menschen sich nicht nur die Finger verbrennen, sondern ihre Seele. Gottlosigkeit ist kein neutraler Raum, auf dem wir uns vergnüglich tummeln könnten. Es ist der Raum der Zerstörung.

Der Heilige hat es uns gesagt, dass er die Sünden der Väter an ihren Kindern heimsuchen wird bis in die dritte und vierte Generation. Dass er aber seine Barmherzigkeit erweist an 1000 Generationen bei denen, die ihn lieben und darum seine Gebote halten. Aber wir haben unsere Sünde und Gottlosigkeit mehr geliebt als ihn und unsere Kinder. Große und kleine Kriege, die wir anzetteln, mit all ihren schrecklichen Folgen, können wir schwerlich Gott in die Schuhe schieben.

Die Welt ist aufgeschmissen ohne den Höchsten! Wir sind verloren ohne ihn. Der Ewige drängt sich nicht auf. Er klopft nur an – und eine Welt steht vor der Entscheidung.

Diese Welt hat seit 2000 Jahren die Möglichkeit, Frieden zu finden: *Ehre sei Gott in der Höhe und Friede auf Erden*. Das heißt doch: In dem Maße, wie wir Gott die Ehre geben, wird Frieden auf Erden sein! Alle Welt weiß es, aber setzt dieses Wissen nicht ein. Wo wir unsere eigene Ehre suchen und damit unseren Willen durchsetzen, wird Krieg die Folge sein. Wenn sich sechs Milliarden Menschen selber die Ehre geben, dann fallen sie in sechs Milliarden kleine Götter auseinander, die zueinander in Konkurrenz treten. Dann gibt es Kleinkriege in Familien und Großkriege unter den Völkern. Hätte sich Hitler zu Jesus bekehrt, hätte es den 2. Weltkrieg nie gegeben.

So schwer wiegt die Sache mit Gott!

Wir aber stehen da und schieben dem Heiligen unsere Kriege in die Schuhe: »Das will der liebe Gott sein?«

Dahinter steht sträfliche Verniedlichung des Heiligen. Die Formulierung, *der liebe Gott*, kommt im Buch der Bücher nicht ein einziges Mal vor. Es ist nicht nur wichtig, was in der Bibel steht. Es ist auch wichtig, was dort nicht steht. Am Kreuz von Golgatha verbrannte der liebe Gott. Am Kreuz von Golgatha aber brannte die Liebe Gottes. Da hat er uns seinen Sohn gegeben, den Friedefürsten. In der Hinkehr zur Glut der Liebe Gottes wird es in der Welt warm. In der Abwendung von ihm wird es kalt. Da sind Hass und Streit, Chaos und Krieg. Wenn die Welt die Wärme nicht sucht, kriegt sie nicht nur kalte Füße. Sie kriegt ein kaltes Herz.

Es geht darum, dass wir uns selbst auf die Schliche kommen. Wenn wir uns Gottesbilder machen, sind sie immer kleiner als wir selbst. Wir basteln uns einen Gott, über den wir bestimmen, den wir nach Lust und Laune auch verwerfen können. Wir sind zwar zivilisiert, verhalten uns aber der Gottesfrage gegenüber wie der Primitive vor 1000 Jahren im afrikanischen Busch. Der saß da und schnitzte sich aus einem Stück Holz einen kleinen Gott. Dann betrachtete er ihn und wenn er ihm nicht gefiel, warf er ihn wieder weg. Ähnlich handelt der »aufgeklärte« Bürger des ausgehenden christlichen Abendlandes. Er macht sich ein primitives Gottesbild, nicht aus Holz, aber aus Gedanken. Und wenn dieses Bild nicht zusagt, wird es verworfen und die Gottesfrage ist erledigt.

So ist die Gottesfrage nicht zu lösen.

Ich lebe ohne Gott ganz gut

anche tun so, als könnten sie sich das überlegen, ob sie sich für ein Leben *mit* Gott oder für eines *ohne* Gott entscheiden sollten.

Leben ohne Gott?

Das gibt es nicht. Das intelligenteste Buch der Weltgeschichte sagt: *Gott ist das Leben.* Das ist die Position. Konsequent fügt es hinzu: *Die Negation Gottes ist der Tod.* Das bedeutet: Wer ohne Gott sein will, ist nur scheinbar lebendig. In Wirklichkeit ist er tot. Mit dem Höchsten verbunden zu sein, bedeutet Leben. Ihm den Rücken zuzukehren bedeutet Lebensverlust. Weil Gott Leben ist, gibt es keinen Lebensraum außerhalb von ihm. Niemand kann zwischen einem Leben mit Gott oder einem Leben ohne Gott wählen. *Gott = Leben* bedeutet: Leben gibt es nur in Gemeinschaft mit ihm.

Im Neuen Testament sagt jemand zu Jesus, dass er ihm nachfolgen, aber vorher noch seinen Vater begraben wolle. Jesus antwortet: »Folge du mir, und lass die Toten ihre Toten begraben!« (Matthäus 8,22)

Da werden lebende Menschen für tot erklärt.

In einem Gleichnis lässt Jesus den Vater sagen, als dessen Sohn nach einer Zeit höchster Lebenslust und tiefstem Niedergang nach Hause kommt: »Dieser mein Sohn war tot und ist wieder lebendig geworden.« (Lukas 15,24) Da wird ein Mensch im Rückblick auf seine »vitalste« Zeit für tot erklärt. Ähnlich im Epheserbrief. Er erinnert die Gemeinde an ihre religiös-heidnische Zeit: »Gott hat uns, die wir tot waren in den Sünden, mit Christus lebendig gemacht« (vgl. Epheser 2,4-5).

Wenn Sie ein Leben jenseits der Wirklichkeit Gottes leben, dann sind Sie vielleicht ein netter Mann, eine tüchtige Frau. Sie haben nur einen Fehler: Sie sind tot.

Biologisch zu existieren, ist kein Leben im ewigen Sinn. Es ist zielsicheres Sterben. Als wir in dieses »Leben« hineingeboren wurden, wurden wir in Wahrheit ins Sterben hineingeboren. Biologisches Dasein ist ein Dasein zum Tode.

Das Urteil »tot« entsteht an unserem Verhältnis zu Gott. Wenn Sie sagen: »Ich habe zu ihm kein Verhältnis, weil ich nicht an ihn glaube«, haben Sie dennoch eines zu ihm, ein ablehnendes nämlich. Weil er der Absolute ist, können wir aus dem Verhältnis zu ihm nicht aussteigen.

Der Ewige ist kostenlos zu haben! Teuer ist es, ihn loszuwerden. Es kostet uns die Seligkeit unserer Seelen und erhöht zudem die Lebenshaltungskosten. Kriege und Zerstörung der Umwelt kommen uns nämlich teuer zu stehen. Beides sind Folgen von Gottlosigkeit.

Es gibt Katastrophen, die nicht direkt als Folgen von Gottlosigkeit zu erklären sind, wie schwere Erdbeben. Sie gehören zu den unergründlichen Rätseln unsrer von Gott abgefallenen Welt. Darauf lässt sich eine schnelle christliche Lösung nicht finden.

Bestehen bleibt dennoch: Wir tun so, als ob wir von einem neutralen Raum aus Gott beurteilen könnten. Urteilen wir aber über Gott, machen wir uns zum Maßstab über ihn. Der Ewige ist zwar absolut, aber wir sind noch ein bisschen absoluter.

Das kann es ja wohl nicht sein.

Ich lebe bewusst ohne Gott? Irrtum. Ohne ihn sind Sie schon tot.

Ich lebe aus eigener Kraft

Da muss ich an Kalle denken. Ich kannte ihn aus Berlin.

»Wat soll det mit Jott? Den brauch ick nich. Ick lebe aus eijener Kraft.« Das hat er mir mehrmals nachdrücklichst versichert. Eines Tages saßen wir zusammen im Restaurant:

»Wirklich, ick brauch deenen Jott nich. Echt ey. Ick lebe janz aus eijener Kraft.« Während er das sagte, verschlang er ein deftiges Kotelett. Kalle mampfte, dass es dampfte.

»Kalle«, sagte ich. »Gebrauch doch mal deinen Kopf zu was anderem als nur zum Kotelettessen.«

»Wat willste damit sagen?«

»Dass du total bescheuert bist!«

»Wieso bin ick bescheuert, wenn ick deinen Jott nicht brauche, ey. Ick lebe janz aus eijener Kraft.«

»Was du mir hier gerade vorführst, beweist volle Elle das Gegenteil, Kalle.«

»Wieso?«

»Keine zehn Minuten lebst du aus eigener Kraft. Du ziehst dir gerade ein Kotelett rein. Warum denn?«

»Weil ick Hunger habe.«

»Warum haste denn Hunger?«

»Na, weil ick fünf Stunden lang nix jejessen habe.«

»Warum haste Hunger, wenn du fünf Stunden lang nüscht jejessen hast?«

»Damit, weil ick – weil – Mann, ick muss eben wat essen, sonst jeh ick kaputt.«

»Ach, nee. Eben haste noch jesacht: ›Ick lebe janz aus eigener Kraft.‹ Und nun jehste kaputt, wenn de nix zu essen hast. Wat stimmt denn nun?«

»Dat is doch janz wat anderes!«

»Nee, alter Freund, det is nix anderes. Det ist jenau der Punkt. Im Kotelett und den Pommes und deinem Bier, darin ist nämlich Kraft, Energie, wenn de weeßt, wat ick meene.«

Kalle machte große Augen, rülpste und wurde tiefsinnig.

»Kalle, du lebst ständig aus Kräften außerhalb von dir. Jeder Bissen, den du malmst, jedes Glas Wasser, das du schluckst, jeder Atemzug, den du tust – flüstert dir eine leise Botschaft zu.«

»Wat für 'ne Botschaft?«

»Die Botschaft ist: *Du lebst keine zehn Minuten aus eigener Kraft.* Du lebst aus Kräften außerhalb von dir. Und so, wie es mit deinem Leib ist, so ist es auch mit deiner Seele.«

»Mann, was sagst du da!« Kalle sah mich sprachlos an.

»Also, da haste Recht. Ick lebe jar nich aus eijener Kraft. Aber deswejen jibt et noch lange keenen Jott, der mir sehen kann und so oder hören oder der mir kennen täte, weeste.«

»Kalle, glaubste wirklich, dass der, der dich geschaffen hat, dich nicht kennt? Und der, der deine Augen gemacht hat, glaubst du, dass der selber nicht sehen kann? Und der, der die Ohren gemacht hat, der kann auch hören, Kalle. Der hört uns jetzt.«

»Is ja 'n dolles Ding!«

*

Wer seinen Kopf nur zum Essen und Trinken benutzt, kommt nicht auf solche Gedanken. Ein bisschen nachdenken – und uns tun sich neue Welten auf!

Wir leben aus Kräften außerhalb von uns. Wir sind angewiesen auf den, der uns geschaffen hat. Das ist unser Lebensgeheimnis: Nie sind wir menschlicher als dann, wenn wir uns auf IHN angewiesen wissen. Dann erwarten wir von uns nichts mehr, aber umso mehr von IHM.

Der menschlichste aller Menschen war der, den wir den Sohn nennen. Worin bestand sein Geheimnis?

Er war auf seinen himmlischen Vater angewiesen. »Ich bin nichts, ich kann nichts – ohne meinen Vater«, so hat er gesagt. Er wusste um seine Gottesbedürftigkeit.

Vielleicht wissen Sie, dass Sie schwach sind. Schuld bedrückt Sie. Sie haben sich zu erbärmlichen Sachen hinreißen lassen, auf finanziellem Gebiet, auf ethischem Gebiet, haben gelogen, den liebsten Menschen betrogen. Haben nicht geholfen, wo es nötig war. Nun werden Sie das alles nicht mehr los.

Ihre Seele spürt eine Last.

Wenn nur ein Hauch von Verlangen in Ihnen ist, die Last loszuwerden, wenn Sie Heilung suchen und Heil, dann sage ich Ihnen etwas: Die Sehnsucht nach Heil und Heilung verbindet sich mit einer Sehnsucht, die heller ist als 1000 Sonnen und die im Herzen Ihres Gottes für Sie glüht.

Wissen Sie, dass Gott Sehnsucht danach hat, dass Sie wieder heil und frei werden von aller Schuld?

Ich bin nur ein menschlicher Vater – mit allen Schwächen und Mängeln. Aber, wenn eines meiner Kinder Mist gebaut hatte, gefallen war, unter Druck stand – dann kannte ich nur einen heißen Wunsch: Er oder sie soll wieder heil werden, soll wieder aufstehen können, soll wieder frei werden, sich des Lebens freuen. Nichts anderes habe ich je gewollt.

Wenn das einem menschlichen Vater schon so geht, um wie viel mehr dem himmlischen Vater! Auf den zu verzichten ist das Dümmste, was wir tun können. Uns auf ihn aber einzulassen ist das Klügste und Weiseste. Hören Sie auf, aus eigener Kraft leben zu wollen! Sie schaffen es sowieso nicht.

Leben Sie aus Gottes Kraft, dann sind Sie klug.

Als Christ muss ich auf vieles verzichten

Viele haben Angst, ihr Leben an Christus auszuliefern. Sie vermuten, dass sie dann nicht mehr so frei und fröhlich leben können, wie sie es vielleicht gewohnt sind. Mir ist es früher auch so gegangen. Ich dachte, dass Glaube an Christus Lebensentzug bedeutet. Dann habe ich gemerkt, dass ich mit meinen Befürchtungen voll daneben lag.

Muss ich, wenn ich Christ bin, auf vieles verzichten?

Das ist eine Lüge. Da scheint jemand in unseren Gedankengängen herumzuschleichen, der uns kräftig in die Irre führen und uns am Schönsten hindern will.

Ich habe das Gegenteil erfahren: Ein Leben mit Christus ist Lebensgewinn, -vertiefung und -entfaltung. Wir können unser Leben bekanntlich nicht verlängern oder verbreitern. Wir können es aber vertiefen. Genau das erfahren wir durch Jesus.

Es ist herrlich, nicht mehr klauen zu müssen, den Hang zum Lügen mehr und mehr zu überwinden. Es ist nervenschonend, wenn einen Gier oder Neid nicht mehr zerfressen. Es ist befreiend, sich selbst und anderen Leid durch überwundenes ehebrecherisches Wesen zu ersparen. Es ist schön, von zerstörerischen Wünschen mehr und mehr zu genesen. Ich habe durch meine Zugehörigkeit zu Jesus Christus – mit allen Mängeln, die ich weiterhin an mir sehe – ein schönes, tiefes, freies Leben gewonnen. An den Ewigen gebunden zu sein, ist die höchste Form von Freiheit, die möglich ist.

Als Christ muss ich auf vieles verzichten?

Irrtum! Als Christ gewinne ich auf der ganzen Linie.

Ich bin ein anständiger Mensch, das wird er anerkennen

N ach einem Vortrag über christliche Grundfragen komme ich in ein dramatisches Gespräch mit Herrn N., dem Vorsitzenden eines Kirchenvorstandes.

»Sie haben mir meinen Glauben zerstört«, sagt er mit zitternder Stimme. Ich bin wie vom Schlag getroffen, wollte ich doch zum Glauben verhelfen und nicht Glauben zerstören.

»Das ist ja furchtbar, was Sie da sagen. Bitte erklären Sie mir, was Sie meinen, damit ich es vielleicht wieder gutmachen kann«, erkläre ich ziemlich hilflos. Daraufhin legt mein Gegenüber vehement los:

»Wissen Sie, ich bin seit 25 Jahren im Kirchenvorstand, seit zwei Wahlperioden Vorsitzender. Ich habe am Aufbau unseres Kindergartens mitgeholfen, habe Geld dafür gesammelt, bin von Haus zu Haus unserer Gemeindeglieder gegangen, dann habe ich bei den handwerklichen Arbeiten mitgemacht, den Bürokram erledigt. Das alles habe ich getan und jetzt kommen Sie und wollen mir sagen, das sei alles nichts wert.« Er keucht vor Erregung. Ich merke, dass mir das Atmen schwer fällt.

»Ich glaube, Sie haben mich missverstanden«, stammele ich. »Ich achte doch Ihr Engagement und habe Respekt davor. Es ging um ein anderes Thema, nämlich darum, dass wir uns mit unseren guten Taten nicht den Himmel verdienen können.«

Er hört gar nicht auf, so aufgebracht ist er.

»Dann habe ich also all die Jahre vergeblich in der Kirche gearbeitet? Ich habe mich immer bemüht, ein guter und anständiger Mensch zu sein. Ich glaube von Herzen, der Herrgott wird diese Mühe auch achten und belohnen. Das lasse ich mir von Ihnen nicht kaputtmachen!«

»Ja, *warum* haben Sie das alles getan?«

»Um die Gunst Gottes zu erlangen, um in die Ewigkeit zu kommen«, sagt er mit bewegter Stimme.

»Herr N., da bin ich aber froh, dass ich Ihnen Ihren Glauben zerstört habe. Damit wären Sie heillos verloren gewesen.«

Er schaut mich verständnislos an. Dann entwickelt sich ein ernstes Gespräch.

*

Möglicherweise halten Sie diese Geschichte für einen extremen Einzelfall. Dem ist leider nicht so. Ich schätze, dass 80–90% der getauften Mitglieder einer »normalen« Kirchengemeinde ähnlich glauben. Ich habe da meine Erfahrungen. Etwa 50% der so genannten Kerngemeinde sieht es so wie Herr N. Inhaltlich glauben das auch die Zeugen Jehovas, die Mohammedaner, die Hindus etc. Sie benutzen nur andere Vokabeln. Diese Vorstellung liegt tief in unseren Herzen verborgen und ist auch durch die Sakramente nicht auszurotten.

So geht es mit den Menschen, die die Sinnesänderung, von der die Bibel spricht, nicht vollzogen haben. Sie meinen, sie müssten die Gottheit mit dem Einhalten von Vorschriften oder guten Taten herumkriegen, damit sie einmal in den Himmel kommen. Das ist ein Schlag ins Gesicht unseres Gottes!

Psychologen sagen, unsere Seelen hätten eine »forensische Struktur«. Das bedeutet: Jeder sieht sich insgeheim vor ein Forum gestellt, vor dem er bestehen muss. Nach welchen Maßstäben dort gemessen wird, ist unklar. Also fabrizieren sich die Menschen eigene Maßstäbe und glauben daran, dass sie dermaleinst nach diesem Standard auch beurteilt werden.

Wer sagt uns, dass wir ausgerechnet mit unseren Maßstäben *Marke Eigenbau* gemessen werden? Maße sind doch schon unter uns Menschen verschieden. In den USA messen sie nicht nach Metern oder Kilometern, sondern nach Yards und Meilen. Wer da lebt, muss sich schon nach den Standards dort richten, sonst bekommt er Probleme.

Wenn Ihr Schöpfer nun nicht daran denkt, ausgerechnet Ihre Maßstäbe zu akzeptieren? Und er denkt nicht dran! Der Heilige wird nicht unsere Maßstäbe anlegen, sondern seine. Sie sind gut und gerecht.

Wenn Ihre Maßstäbe nicht stimmen, stimmen auch Ihre Resultate nicht. Wir haben uns die Werte des Ewigen anzueignen, weil wir mit ihnen gemessen werden. Es sind gerade die, die meinen, sie hätten sich nichts vorzuwerfen, die Gott verfehlen.

Sein Herz schlägt für die Bekümmerten, die es in der Gefangenschaft ihrer Schuld nicht mehr aushalten, die Sehnsucht nach Vergebung haben, die nur eine Rettung kennen: ihre Begnadigung. Für religiöse Hausierer, die Gott ihre Anständigkeiten verkaufen möchten, ist die Ewigkeit verschlossen.

Bei einer Umfrage unter Kirchenbesuchern wurde gefragt: *Worauf kommt es nach Ihrer Meinung im Christenleben an? Was will Gott von Ihnen?*

Die drei meisten Antworten, die gegeben wurden, lauteten:

Gott will, dass ich in die Kirche gehe.

Gott will, dass ich Gutes tue und nach den Geboten lebe.

Gott will, dass ich auf meinen guten Ruf achte.

Demnach müssen wir also Gott und seinen Ansprüchen genügen und das ist dann das Christentum. Eine Perversion. Da ist Sektierertum in die Kirche eingezogen.

Woher haben die Leute das? Wenn das nun nicht wahr ist?

Und es ist nicht wahr! Sie können in die Kirche gehen, noch und noch und – ewig verloren gehen. Sie können viel Gutes tun und – ewig verloren gehen. Sie können den tollsten Ruf in ihrer Gegend haben und – ewig verloren gehen.

Wer ist der Heilige denn, dass er mit sich einen religiösen Kuhhandel machen lässt. Wie stellen wir uns das vor? Da kommen wir mit unseren Krämerseelen, stellen uns vor den Ewigen hin, öffnen wie Hausierer den Krämerladen unserer Anständigkeiten und sagen:

»Lieber Gott, sieh, das habe ich dir zu bieten. Ich bin oft in die Kirche gegangen, was gibst du mir dafür? Ich habe mich bemüht, Gutes zu tun. Ich habe auch immer auf meinen guten Ruf geachtet. Gott, ich war immer 'ne moralische Kanone. Jetzt kannste dich nicht lumpen lassen. Was gibst du mir dafür? Gib mir ein glückliches Leben und dermaleinst die ewige Seligkeit.«

Wer hat uns gesagt, dass Gott das Geschäft mit unseren Anständigkeiten mitmacht?

Er nimmt sie uns und zerreißt sie wie einen wertlosen Fetzen Papier. Vielleicht weint er, während er das tun muss. Er zerreißt nicht nur unsere Rechthaberei. Es zerreißt ihm auch das Herz. In alledem haben wir uns nämlich selbst gesucht und nicht Gott. In diesem Handel stehen wir im Mittelpunkt und diktieren dem Schöpfer die Geschäftsbedingungen. Die Hölle ist voll von anständigen Leuten, von allen möglichen religiösen »Händlern« und »Hausierern«. Im Himmel, sind die Sünder, die Gott eingestanden haben, dass sie das sind und wie Bettler mit leeren Händen zu ihm kamen. Im Himmel sind die Schuldiggewordenen, die mit Gott ins Reine gekommen sind, weil sie seinen Sohn, der für unsere Sünden starb, angenommen haben, in einem persönlichen Glaubensverhältnis zu ihm stehen und ihm nachfolgen.

Im Christsein geht es in erster Linie nicht um ein Verhalten, sondern um ein Verhältnis! Erst aus dem Verhältnis entwickelt sich dann auch ein entsprechendes Verhalten.

Vor der Tür zum Himmel steht ein großes Schild mit der Aufschrift: *Nur für Bettler.* Händler und Hausierer haben keinen Zutritt.

Ob es ein höheres Wesen gibt, lässt sich nie ergründen

I ch kann ja verstehen, dass Sie an Gott glauben«, sagte er gönnerhaft. »Der Makrokosmos und der Mikrokosmos, woher soll das alles kommen? Welch Wunder ist allein der menschliche Leib, das Auge, das Ohr, die Haut, die inneren Organe, die Vernetzung all der Dinge. Dass da manche denken, es müsse doch so etwas wie eine Intelligenz geben, die das alles gemacht hat, ist nur verständlich.«

Der nette Student erklärte meinen Gottesglauben freundlicherweise nicht einfach für Humbug, sondern konnte sogar ein gewisses Verständnis aufbringen. »Aber sehen Sie doch ein«, fuhr er fort, »wenn es jemanden gibt, der das alles geschaffen hat, dann könnten wir Menschen niemals irgendetwas über ihn wissen. Das Universum hat eine Größe, die kein Mensch ermessen kann. Um wie viel weniger können wir Zutreffendes über Gott denken. Wenn es ihn geben sollte, gibt es für uns doch niemals einen Zugang zu ihm. Alles, was Menschen über ihn sagen, ist Spekulation.«

»Woher können Sie wissen, dass Sie von Gott nichts wissen können?«, fragte ich zurück.

Menschlich gesehen hatte er natürlich Recht. Von uns aus gibt es keinen Zugang zum Gottesgeheimnis. Das sagt schon die Bibel: »Gott wohnt in einem Licht, zu dem niemand kommen kann.« (Vgl. 1. Timotheus 6, 16) Der Denkfehler meines Gesprächspartners bestand darin, dass er nur mit menschlichen Möglichkeiten rechnete. Weil Gott Gott ist, gehen die Möglichkeiten, ihn kennen zu lernen, über unsere hinaus.

Davon lebt die Heilige Schrift: Gott hat Zugang zu uns Menschen. Der den Kosmos schuf, kann auch Mensch werden. Er kann sich uns mitteilen. Das von vornherein auszuschließen, wäre kurzsichtig. Gott hat sich uns offenbart. Er ist nicht in seinem Licht geblieben, sondern Mensch geworden. Er ist es geworden, damit wir von ihm etwas Entscheidendes erfahren: dass er uns liebt. Er liebt uns so sehr, dass er uns einen Weg gebahnt hat, auf dem wir zu ihm kommen können. Dieser Weg hat einen Namen: Jesus Christus!

Der Hebräerbrief sagt es so:

»Nachdem Gott vorzeiten vielfach und auf vielerlei Weise geredet hat zu den Vätern durch die Propheten, hat er in diesen letzten Tagen zu uns geredet durch den Sohn.« (Hebräer 1, 1-3)

*

Manche denken, wenn es das höhere Wesen gibt, müsste es sich mir zeigen.

Was ist dazu zu sagen?

Der Mann aus Nazareth hatte einen guten Freund, Thomas. Er ist als »ungläubiger Thomas« in die Geschichte eingegangen. Zu ihm hat Jesus einmal gesagt: »Selig sind, die nicht sehen und doch glauben. (Johannes 20, 29)

Dennoch, wir haben nun einmal Augen und möchten sehen, woran wir glauben. Darum finden sich in der Christenheit auch Kreise, die aus dem Glauben ein Schauen machen möchten. Sie stellen Zeichen und Wunder ins Zentrum ihrer Versammlungen, als hielten sie es nicht aus, »bloß« zu glauben.

Andere, die nicht zum Glauben gefunden haben, sagen: »Wenn es einen Gott gibt, müsste er sich mir doch einmal in einem Wunder oder einem besonderen Gefühl zeigen.«

Was aber, wenn Gott sich längst auf seine Weise gezeigt hat und sich nicht anders zeigen wird? *Er zeigt sich nicht dort, wo wir ihn hinzitieren. Er zitiert uns dorthin, wo er sich zeigt.*

Er zeigt sich in seinem Wort!

Daran sollten sich orientieren, die fordern, dass der Höchste sich ihnen zeigt. Wer sich am »Treffpunkt Gottes« einfindet, wird den finden, den er sucht, vorausgesetzt, er sucht ihn wirklich. Viele dagegen möchten Gott überall finden, nur nicht dort, wo er sich finden lässt.

Wenn ein Vater seinem Sohn einen Brief schreibt und darin äußert, er möchte ihn in München treffen, dann kann der Sohn, wenn er den Vater sehen will, nicht nach Berlin fahren. Wenn er nach Berlin fährt, kann er durch die Straßen laufen und sagen: »Ich suche meinen Vater.« Das ist nur dummes Zeug. Die Tatsache, dass er nicht dorthin geht, wo der Vater zu finden ist, macht deutlich: Er will ihn gar nicht treffen.

Ich hatte ein Gespräch mit einem Mann in den 40ern. Er sagte mir: »Seit 20 Jahren bin ich auf der Suche nach Gott.« Mir standen vor Ehrfurcht die Haare zu Berge. Nach 20 Minuten hatte ich den Eindruck: Der Gute hatte nur eine Angst: Er könnte ihn auch finden. Darum sagte ich: »Sie sind nicht auf der Suche nach Gott. Sie sind vor ihm auf der Flucht. Sie suchen Ausreden, Ausflüchte. Das ist Ihr gutes Recht, aber sagen Sie nicht, dass Sie Gott suchen.«

Wenn Ihnen daran liegt, Gott zu finden, dann fangen Sie an, mit offenem Herzen die Heilige Schrift zu lesen. Beginnen Sie mit dem Johannesevangelium. Dann setzen Sie mit den anderen Evangelien fort.

Aber auch das Buch der Bücher wird dem verschlossen bleiben, der in Vorurteilen gefangen ist. Ein auf Billigkeit getrimmter Zeitgenosse wird schon beim bloßen Lesen der Bibel seine Schwierigkeiten kriegen. Wer sich immer nur seichten Publikationen aussetzt, wer sich ständig die beklopptesten Fernsehfilme ansieht, darf sich nicht wundern, dass er beim Bibellesen Konzentrationsprobleme bekommt. Bibellesen ist Mühe, Arbeit, ein in die Tiefe Graben. Gold hat noch nie auf der Straße gelegen. Auf echtem, ehrlichem Suchen aber ruht die Verheißung: »Suchet, so werdet ihr finden.« (Matthäus 7, 7)

Jeder kann zu Gott kommen – auf Grund der Umkehr seines Herzens. Da muss er das Urvorurteil aufgeben, das wir von Natur aus haben.

Was ist das?

Das Problem aller Vorurteile über Gott besteht darin, dass wir Menschen in allem zunächst von uns ausgehen. Wir tun so, als seien wir der Mittelpunkt aller Dinge. Das sehen wir schon bei kleinen Kindern. Sie greifen nach allem, als gehöre es ihnen. Sie fühlen sich offensichtlich als Mittelpunkt der Welt.

Die lebensverändernde Umkehr besteht darin, dass ich nicht mehr selbst die Mitte sein will. Da muss ich die Herrschaft des eigenen Ichs aufgeben. Den Herrn Jesus Christus muss ich in einer Vertrauensentscheidung, die sein Wort in mir wirkt, annehmen.

»Wie viele ihn aber aufnahmen, denen gab er Macht, Gottes Kinder zu werden, denen, die an seinen Namen glauben.« (Johannes 1, 12)

»Wie ihr nun den Herrn Christus Jesus angenommen habt, so lebt auch in ihm« (Kolosser 2, 6).

Luther sagt in einer Kirchenpostille: *Das Hauptstück und der Grund des Evangeliums ist, dass du Christus aufnimmst und erkennst als eine Gabe und ein Geschenk, das dir von Gott gegeben und dein eigen sei ... Das ist das große Feuer der Liebe Gottes zu uns, davon wird das Herz froh, gewiss und zufrieden.*

Glauben heißt: nicht wissen

Das hat sich in deutschen Landen als gängiges Schlagwort etabliert: Glauben heißt: nicht wissen. Ursprünglich geht das Wort »glauben« auf das germanische »ga-laubjan« – »für lieb halten, gutheißen« zurück. Schon bei den heidnischen Germanen bezog sich »glauben« auf das *freundschaftliche Vertrauen* eines Menschen zur Gottheit. Als Luther die Bibel ins Deutsche übersetzte, war der Sinn »Vertrauen« noch gegeben. Es geht im Wort »glauben« um ein persönliches Vertrauensverhältnis zum dreieinigen Gott.

Das Wort »Glauben« hat in unserer Sprache eine inhaltliche Veränderung erfahren. Es wird heute im Sinne von »für wahr halten« und »annehmen, vermuten« gebraucht. »Ich glaube, dass morgen wieder die Sonne scheint«, sagen wir, wenn wir es nicht genau wissen, sondern lediglich vermuten.

»Glauben« ist als Wort der Kirche ziemlich unbrauchbar geworden. So ist es in der Tat formal möglich zu sagen: »Glauben heißt: nicht wissen.«

In Wirklichkeit meint »glauben« genau das Gegenteil. Schlagwortartig ließe sich formulieren »Glauben heißt mehr wissen als jeder Nichtglaubende.« Wenn zwei Menschen sich vertrauen, z. B. in einer gelungenen Ehe, vertrauen sie sich auch alles an. Die Beziehung vertieft sich. Immer besser lernen sie einander kennen. Da gibt es niemanden mehr, der über den anderen mehr wüsste als man selbst. Solch eine Liebesbeziehung meint das Neue Testament, wenn es von Glauben spricht. Glaubende lesen die Heilige Schrift wie einen Liebesbrief. Da lernen sie ihren Herrn immer besser kennen. Sie sind Beter. Wer das Geheimnis des Betens kennt, weiß über Gott etwas zu sagen. Glaubende wagen Vertrauensschritte und erleben dabei, dass Gott sich als real erweist.

Das alles bleibt Nichtglaubenden verborgen. Sie machen, weil sie das Vertrauensverhältnis zum Vater im Himmel nicht kennen, keine derartigen Erfahrungen. Wer sich auf Gott noch nie eingelassen hat, wer noch nie seine Nähe gesucht und erfahren hat, wer noch nie ernsthaft im Buch der Bücher geforscht hat, der kann nicht mitreden. Wenn er es dennoch tut, redet er wie ein Blinder von der Farbe. Den Glauben anzugreifen, sich aber selber nie ernsthaft mit ihm befasst zu haben, ist Dilettantismus.

Glaube heißt: nichts wissen? Es ist umgekehrt: Glauben heißt, vom Ewigen mehr wissen als jeder Nichtglaubende.

Du sollst dir kein Bild machen

Muss Gott unserem Bild von ihm entsprechen? Würden Sie es sich gefallen lassen, wenn Sie jemand in eine Vorstellung presst, die er sich von Ihnen gemacht hat? Niemand lässt sich gern in eine Schublade stecken.

Gott ergeht es ebenso.

Ohne zu fragen, was z. B. die Heilige Schrift über ihn sagt, entwerfen wir unser Bild vom Schöpfer und von dem, was er will. Unsere Mutmaßungen über den Ewigen halten wir dann für das Original. Merken wir denn nichts? Das ist der Gott, der uns aus dem Gehirn gesprungen ist. Ich rede hier dagegen von dem, der unser Gehirn gemacht hat – und noch einiges mehr.

Wir machen uns zur Mitte aller Dinge und beurteilen Gott, als wäre er ein Bereich am Rand. Wir sollten unser Denken darauf einstellen, dass der Höchste die Mitte ist und wir *seiner* Beurteilung unterliegen.

Als uns unser Schöpfer die Spielregeln für unser Dasein gab, hat er gesagt: »Du sollst dir kein Bildnis machen, weder von Gott noch von irgendeinem Menschen!«

Hier geht es nicht um Bildnisse, die mit Händen gemalt werden. Es geht um Bilder, die sich unser Herz malt, die sich in unsere Seelen brennen und schwer auszuradieren sind.

Du sollst dir kein Bildnis machen, weder vom Schöpfer noch von irgendeinem Menschen.

Warum nicht?

Gottes Antwort lautet: »Weil du mich in keinem deiner Bilder triffst. Mir, dem Ewigen, begegnest du nur, wenn du dir etwas Schmerzhaftes gefallen lässt: Willige darin ein, dass ich dir dein Gottesbild zerschlage!«

Haben Sie das Format, sich darauf einzulassen? Hier zeigt sich, wie sehr jemand im Banne seines eigenen Bildes von Gott ist. Wer sich aus dem Gefängnis seiner Bilder über Gott nicht heraushelfen lässt, wird dem Schöpfer aller Dinge nie begegnen. Der ist nicht so, wie wir ihn uns vorstellen. Er ist so, wie er ist! Das aber können wir uns nicht erdenken. Das müssen wir uns sagen lassen.

Haben Sie die Größe, Ihr eigenes Gottesbild aufzugeben, sich einzulassen auf sein ewiges Wort? Das macht

u. a. deutlich, dass wir nicht einfach Christ werden können, wie man Mohammedaner oder Hindu werden kann. Wie ein Mensch Christ wird, kleidet die Bibel in das Bild von der Geburt. Sie spricht von einer Geburt *von oben*, um klarzumachen, dass niemand durch die natürliche Geburt Christ werden kann.

Was ist *natürliche Geburt*?

Da muss ein Mensch aus dem heraus, in dem er zuvor beheimatet war. Geburt ist schmerzhaft, auch für das Kind. Aber es muss sein! Bleibt das Kind, wo es ist, wird es sterben. Es geht darum, sich aus dem, in dem man bisher beheimatet war, herausholen zu lassen!

Wohin wird man da geholt?

In das natürliche Leben! Wohin sonst? Es lässt sich auch anders sagen: Bei der natürlichen Geburt werden wir in das sterbliche Leben geholt. Bei der geistlichen Geburt in das ewige Leben.

Wo sind Sie beheimatet? In selbst erdachten Vorstellungen über Gott? Sie müssen da heraus! Sind Sie gefangen in einer moralischen Kirchlichkeit, wo Sie heimlich selbst in der Mitte stehen? Sie müssen da heraus! Leben Sie in irgendwelchen Vorurteilen über die Wahrheit? Sie müssen da heraus!

Kein Mensch hat sich sein Leben selber gegeben, aber kein Mensch lebt ohne Geburt. Geburt aber bedeutet: Du darfst und musst aus dem Alten heraus. Kein Christ hat sich seinen Glauben selber gegeben. Aber es gibt keinen Glauben ohne geistliche Geburt. Das aber bedeutet: Komm aus dem Alten heraus.

Im Alten Testament sagt Gott: »Ich weiß wohl, was ich für Gedanken über euch habe ... Gedanken des Friedens und nicht des Leides, dass ich euch gebe das Ende, des ihr wartet ... Ihr werdet mich suchen und finden, denn wenn ihr mich von ganzem Herzen suchen werdet, so will ich mich von euch finden lassen ... und will eure Gefangenschaft wenden.« (Jeremia 29, 11ff.)

Paulus sagt es so: »Ist jemand in Christus, so ist er eine neue Kreatur; das Alte ist vergangen, siehe, Neues ist geworden.«

Sind Sie noch im Alten gefangen oder sind Sie neu geworden, sind Sie im biblischen Sinne Christ geworden?

Nehmen Sie diese Frage mit, wohin Sie nach dem Lesen dieser Zeilen auch gehen.

Glauben –
wie macht man das?

Glauben – wie macht man das?

Was Glauben erschwert

I ch möchte ja gerne glauben«, hat mir ein Mann im mittleren Alter gesagt, »aber, aber…« Dann brachen viele Zweifel aus ihm heraus. Er hatte einiges erlebt, was es ihm schwer machte, ein glaubender Christ zu werden.

Sind in Ihrem Leben auch Dinge passiert, die Ihnen das Glauben erschweren? Vielleicht wurden Sie von Ihrer Familie so geprägt, dass kein Gedanke an eine ernsthafte Gottesbeziehung aufkommen konnte.

Mir ist das widerfahren. Ich bin in einer Familie aufgewachsen, in der dieser Horizont ausgeblendet war. Das war bei uns nicht drin. Die Pfarrer nannten wir »Pfaffen«, waren wir doch davon überzeugt, dass das samt und sonders durchtriebene Burschen sind.

Als meine Großmutter 80 wurde, kam einer. Er kriegte Kaffee und Kuchen. Die Zeiten waren schlecht, echter Bohnenkaffee knapp. Als der »fromme Otto« gegangen war, war sich unsere Sippe einig: Der Kerl ist nur gekommen, um uns den Kaffee wegzutrinken. In dieser Atmosphäre bin ich aufgewachsen.

Später brachen bei mir tiefere Fragen auf: *Wozu sind*

wir da? Woher kommen wir? Wohin gehen wir? Als meine Mutter starb – ich war knapp 12 – fing ich an zu grübeln: »Gerade noch war sie da. Plötzlich ist sie nicht mehr. Sie muss doch irgendwo sein.« Wo ihre sterbliche Hülle war, wusste ich ja. Aber das kann doch am Menschen nicht alles sein. Was ist mit ihr selbst, mit ihrer Persönlichkeit? Wo ist sie jetzt?

Als ich meine Grübeleien äußerte, wurde die Verwandtschaft aggressiv: »Lass uns mit so was zufrieden.« Sie waren solchen Gedanken gegenüber hilflos.

Wer ein Leben lang keine Beziehung zu Gott gefunden hat, dem fällt es schwer, sich mit Gott auseinander zu setzen.

Ein anderer Aspekt: Wir leben im ausgehenden christlichen Abendland. Dadurch haben wir noch Berührungen mit Spuren des Christentums. Es handelt sich jedoch oft nur um Spuren seines Verfalls. Wer in einem Trümmerfeld herumläuft, ist von dem, was er erlebt, nicht begeistert. Christen aus fernen Ländern mit einem lebendigen, gesunden Glauben sind in der Regel darüber erschrocken, was hierzulande aus Kirche und christlichem Leben geworden ist. In solch einem kirchlichen »Trümmerfeld« leben wir nun leider. Dass Sie es schwer mit dem Glauben haben, geht also nicht allein zu Ihren Lasten.

Vielleicht sind Sie von Menschen enttäuscht worden, die regelmäßig zur Kirche gehen. Solche Leute, so Ihre Meinung, müssten eigentlich besonders gut sein. Dann haben Sie erlebt, dass ausgerechnet solche etwas getan haben, was sich nicht gehört. Sie dachten immer: Wer zur Kirche geht, wäre eine moralische Kanone. Es ist ein Vorurteil, wenn man meint, dass Leute, die zur Kirche gehen, unfehlbar sein müssten. In Wahrheit ist es so: Sie gehen zur Kirche, weil sie wissen, dass sie *nicht* besonders gute Leute sind. Sie wissen, dass sie Vergebung brauchen.

Vielleicht ist Ihnen Leid widerfahren. Sie hatten Gott einmal ernst genommen. Dann kam Unglück in Ihr Leben. Dadurch sind Glaube und Vertrauen erloschen. Sie hatten Gott für einen Glücksbringer gehalten, für so etwas wie einen Talisman. Das aber ist er nicht.

Schließlich und endlich: Unsere Lebenswelt ist oberflächlich geworden. Wir werden auf das irdische Dasein getrimmt, als gäbe es nichts anderes. Unsere westliche Welt tut so, als ob es Gott nicht gäbe. Gehen Sie durch die Fußgängerzone einer Stadt. Die Leute rennen und hasten, schauen, stehen vor Schaufenstern, haben vieles im Kopf. Gott, so ist fast körperlich zu spüren, hat dort keinen Platz. Man tut so, als ob es ihn nicht gäbe. Dabei ist es umgekehrt. *Wir sind es, die es ohne Gott nicht gäbe.*

Was Glauben ist

Glauben im Neuen Testament meint eine Liebesbeziehung zwischen Gott und Mensch. Es geht um ein persönliches Verhältnis zu Jesus Christus.

Vielleicht können Sie das im Moment nicht denken, dass Sie einmal eine tiefe Vertrauensbeziehung zum Schöpfer unseres Kosmos haben. Ich habe früher auch nicht geahnt, dass es das gibt. Aber das gibt es wirklich.

Gott geht es nicht darum, dass wir ein religiöses Soll erfüllen. Ihm geht es darum, dass wir zur Liebesbeziehung zu ihm finden, ein Vertrauensverhältnis haben und darin leben.

»Ja«, sagen Sie, »es ist aber nicht leicht zu vertrauen.«

Grundsätzlich kann jeder vertrauen. Wenn wir es nicht könnten, wären wir nicht lebensfähig.

Wer wäre nicht schon einmal in einen Autobus gestiegen? Keiner käme auf die Idee, die Motorhaube öffnen zu lassen und reinzugucken. Da kann doch etwas sein, was den Bus in einen schweren Unfall verwickelt. Oder der Fahrer kann sich kurz vor einem Herzschlag befinden. Wer will das wissen? Trotzdem steigen wir ein. Wir vertrauen uns solch einem Gefährt an, ohne uns etwas dabei zu denken. Ist das kein Vertrauen?

Um es zu karikieren: Ich bin vorsichtig. Ich esse gerne Jägerschnitzel mit Pilzen. Wenn Sie mir das servieren, nehme ich erst einmal mein Chemieköfferchen heraus und schneide das Schnitzel in kleine Stücke. Die werden analysiert, nach allen Regeln der Kunst. Mir kann keiner etwas vormachen. Ich habe einmal einen Kriminalfilm gesehen, da hat eine Frau sogar ihren Mann vergiftet. Seitdem habe ich mir das Chemieköfferchen gekauft. »Vater muss erst wieder analysieren«, sagen die Kinder. Meine Frau ist natürlich begeistert. Die Familie mampft schon mal los. Ich denke: »Na, wartet mal ab, gleich kippt ihr alle um und ich lebe noch.« Vertrauen? Nee, mit mir nicht!

Sie merken schon, es wäre furchtbar. Ich käme ja zu nichts.

Wir vertrauen ständig. Sie gehen ins Kino und setzen sich auf einen Sessel. Sie schauen nicht nach, ob das Ding vielleicht angesägt ist. Nein, Sie kommen rein, setzen sich drauf, als wenn nichts wäre. Sie könnten umkippen und sich das Genick brechen. Immer wieder hat man gehört, dass in großen Diskos plötzlich die Decke einstürzte: 27 Tote. Eigentlich dürfte niemand in so etwas hineingehen. Aber sie tun es doch. Wir sind eben ständig dabei zu vertrauen. Nur dadurch sind wir lebensfähig. Vertrauen ist die Brücke zur Welt, die uns umgibt.

Wie wir lebensfähig werden

Vertrauen – wie gelingt das? Dass Sie vertrauen, wie »machen« Sie das?

Das machen Sie nicht. Das ist Ihnen gemacht *worden*.

Bevor Sie geboren waren, befanden Sie sich in unaussprechlich schöner Geborgenheit. Sie waren geschützt, behütet im Leib Ihrer Mutter, umgeben von Liebe und Wärme. »Von allen Seiten umgibst du mich und hältst deine Hand über mir.« (Psalm 139, 5) So steht es im Buch der Bücher. Von Gott ist da die Rede und doch erinnert es sehr an die Mutter. Das ist die Urerfahrung, mit der unser Leben begann.

Das Erste, was Ihre kleine Seele tief im Unterbewusstsein erfuhr, war, dass Sie geborgen sind. Von allen Seiten umgibst du mich . . . Das hat Ihre kleine Seele gespürt.

Was macht einen Menschen lebensfähig?

Psychologen sagen: *vorausgehende Geborgenheit*. Diese Geborgenheit, die wir bei unserer Mutter hatten, begründet Urvertrauen. Das Kind spürt Liebe, Wärme, auch Ordnungen, die sich wiederholen. Da ist der Wechsel von Tag und Nacht. Das bekommt das Kind mit. Es erfährt, dass auf diese Ordnung Verlass ist. Es spürt: Auch irgendwo da draußen, außerhalb meiner warmen Geborgenheit, ist alles in Ordnung. Ich kann vertrauen.

So waren wir nicht nur ein Gewebe aus Äderchen

und Blutgefäßen, aus Nerven und Muskeln, aus Knochen und Haut. Wir waren ein Gewebe aus Geborgenheit und Liebeserfahrung. Wir waren ein Gewebe aus behüteter Zuwendung, aus blindem und doch so spürbarem Urvertrauen.

Dann kam die erste Erschütterung: die Geburt! Ein starker, lebensnotwendiger Schmerz. Wir purzelten kopfüber in diese Welt. Dann waren wir da.

Bei den Indios im Urwald des Amazonas ist es so: Sobald ein Kind geboren ist, wird es der Mutter wieder ans Herz gelegt. Sie tun das, damit der neue Erdenbürger den Herzschlag, den es bisher von innen hörte, nun von außen vernimmt. Heute geschieht das auch wieder bei uns. Das kleine Wesen soll wissen: Du bist weiterhin behütet. Die erste halbe Stunde im Leben eines Menschen soll wichtig sein. Dass das Kind nach der Trennung von der Mutter wieder Geborgenheit spürt, ist für sein späteres Urvertrauen wesentlich.

Wie geht es weiter?

Die Mutter spricht in der Folgezeit beständig mit dem kleinen Geschöpf. Sie holt es damit ins Bewusstsein hinein. Das gesprochene Wort führt zum Leben.

Dann lernt es laufen. Eine wichtige Erfahrung. Da merkt das Kind, dass es zu seinen Beinchen kein wirkliches Vertrauen fassen kann. Die krummen Gehwerkzeuge wackeln. Unser Kleines fällt hin, aber es steht wieder auf. Fällt wieder hin. Vertrauen zu den eigenen Beinen gelingt nicht. Aber etwas anderes merkt das Kind: Der Boden, auf dem meine wackligen Beine stehen, der hält, der wankt nicht. Weil der Boden hält, kann ich mich immer wieder aufrichten.

Das gilt, sogar bis später im Christenleben: Sich selber können Sie nie wirklich bis zum Letzten vertrauen. Darum ist es nicht ratsam, Glaubensschwüre vom Stapel zu lassen. Wir bleiben wacklig. Der Boden aber, auf dem wir als Glaubende stehen, ist stabil.

So hat Gott in uns auf natürliche Weise zunächst einmal das hineingelegt, was er später so gerne von uns möchte: Vertrauen. Es muss ihm schon schwer ankommen, wenn Sie es hinkriegen, einem Busfahrer zu vertrauen, aber dem Wort des Ewigen nicht. Einem Piloten, den Sie noch nie gesehen haben, vertrauen Sie sich an. Aber dem lebendigen Gott, dessen Wirklichkeit Ihre Seele beständig spürt, misstrauen Sie?

Wie es zum Glauben kommt

Wie ist es möglich, Gott zu vertrauen?

Zunächst ist wichtig: Den Weg zu Gott bestimmen nicht wir. Den bestimmt er. Er schreibt vor, wie es bei uns zum rettenden Glauben kommt.

Viele werden hier ungehalten. Sie meinen natürlich, dass sie die entscheidenden Dinge bestimmen können. Weit gefehlt. Selbst banale Dinge schreiben uns vor, wie man hinter ihr Geheimnis kommt. Wir bestimmen da nichts.

Metall z. B. schreibt den Weg vor, wie man es erkennt. Wenn Sie nicht wissen, ob etwas Gold oder Messing ist, müssen Sie metallgemäße Schritte unternehmen. Metall bestimmt den analytischen Weg, wie man es untersucht. Wenn Sie es untersuchen, wie man Holz untersucht, haben Sie im Blick auf den metallenen Gegenstand ein Nullergebnis.

Der Ewige schreibt ebenfalls vor, wie wir ihn finden: *»Hört auf mein Wort!«* Vertrauen zu ihm kommt aus dem Hören auf seine frohe Botschaft (vgl. Römer 10, 17).

Seine Gedanken sind die Gedanken eines Liebenden! Im Buch der Bücher spricht er sie aus. Auf die müssen Sie hören! Das ruft Glauben hervor.

Wie sich Liebende nicht aus dem Kopf kriegen, so geht es Ihrem Schöpfer mit Ihnen. Er sagt: *Ich habe dich lieb, ich kriege dich nicht mehr aus meinem Herzen.*

Wer jedoch die Ohren vor seinen Liebeserklärungen verschließt, bekommt diese nie zu hören. Wie soll er je zum Glauben kommen?

Da ist eine Großmutter, die dem Enkelkind etwas von Gottes Liebe sagt. So entsteht schon im Enkelkind Glauben. Wenn das Kind aber eine Großmutter hat, die so etwas nicht glaubt, wird die Großmutter das nicht sagen. Vertrauen zum Höchsten wird nicht aufkommen.

Es ist wichtig, dass Menschen Gottes Wort hören.

Natürlich ist entscheidend, dass das, was Sie von Gott hören, Gott auch repräsentiert.

Was sagt er denn nun?

Hier wichtige Worte aus der Heiligen Schrift und einige Erläuterungen:

»Darin ist erschienen die Liebe Gottes unter uns, dass Gott seinen eingeborenen Sohn gesandt hat in die Welt, damit wir durch ihn leben sollen. Darin besteht die Liebe: nicht, dass wir Gott geliebt haben, sondern dass er uns geliebt hat und seinen Sohn gesandt zur Versöhnung für unsere Sünden.« (1. Johannes 4, 9-10)

Alles Gute geht von unserem Gott aus. Seine Liebe steht allem voran.

»Wir haben alle gesündigt und haben die Herrlichkeit Gottes verloren, die er uns zugedacht hatte.« (Römer 3, 24)

An uns ist nichts, was uns vor Gott annehmbar macht. Das wird klar gesagt. Dann aber kommt der Hammer:

»Wir werden durch ein Geschenk vor Gott gerecht aus seiner Gnade, durch die Erlösung, die durch Jesus Christus geschehen ist.« (Römer 3, 24)

Durch ein Geschenk vor Gott gerecht – was heißt das?

Dahinter steht das Bild einer Gerichtsverhandlung: Der Angeklagte ist des Todes schuldig. Er ist vor dem Gesetz nicht gerecht und muss sterben. Jetzt kommt – um es im Bild zu sagen – der Sohn des Richters, der zugleich unser Verteidiger ist, und nimmt den Tod des schuldig gesprochenen Angeklagten auf sich. Wenn der Angeklagte nun sagt: »Dieses Angebot nehme ich an«, ist er frei. Der Ankläger kann ihn nicht mehr verklagen.

Hinter dem Rücken von Jesus stehend, bin ich vor dem Richter gerecht geworden. Sämtliche Anschuldigungen des Anklägers landen beim Sohn des Richters und enden bei ihm. Jesus hat für alles gesühnt. Ich kann vor Freude tanzen.

Das schlägt allen Religionen der Welt hart ins Gesicht. Dort muss man sich selbst an der Leiter der Selbsterlösung zum Himmel empor hangeln. Anders im Buch der Bücher.

Epheser 2, 8: »Aus Gnade seid ihr selig geworden durch Glauben, und das nicht aus euch. Gottes Gnade ist es, nicht aus Werken, damit sich nicht jemand rühme.«

Wissen Sie sich begnadigt durch den lebendigen Gott?

Sind Sie sich Ihrer ewigen Rettung gewiss, aus Gnade, nicht durch fromme Klimmzüge?

Wenn ja, dann sind Sie Christ. Sind Sie dessen nicht gewiss, dann sind Sie bei aller eventuellen Christlichkeit ein christlicher Heide. Dann hätten Sie das Schönste noch vor sich.

Gewissheit

Die Krone des Glaubens ist die Gewissheit des ewigen Lebens. Der Ewige lässt uns nicht in einer Ungewissheit, die Heidenängste produziert. Er will uns aus solchen Ängsten reißen. Es beleidigt Gott, wenn wir meinen, wir müssten Gutes tun, um uns seine Liebe zu verdienen. Natürlich tun Christen gern Gutes. Sie tun es aber nicht, *um* von Gott geliebt zu werden. Sie tun es, *weil* sie von ihm geliebt sind.

Glauben heißt Vertrauen, Vertrauen atmet Gewissheit.

Gewissheit ist etwas anderes als Sicherheit. Sicherheit können wir kaufen. Gewissheit bekommen wir geschenkt.

Um welche Gewissheit handelt es sich?

Es ist das tiefe innere Wissen: »Ich habe das ewige Leben!« Verdienen kann ich es mir nicht. Aber ich kann es mir schenken lassen! So gut ist unser Gott!

In Johannes 3, 36 sagt Jesus: »Wer an den Sohn glaubt, der *hat* das ewige Leben.«

Es heißt nicht: »Der kriegt es vielleicht, wenn alles gut geht und er sich immer schön fromm am Riemen reißt.« Nein, wer dem Sohn Gottes vertraut, der *hat* das ewige Leben.

Johannes 5, 24: »Wahrlich, wahrlich, ich sage euch: Wer mein Wort hört und glaubt dem, der mich gesandt hat, der <u>hat</u> das ewige Leben und kommt nicht in das Gericht, sondern ist vom Tode zum Leben hindurchgedrungen.«

Viele denken, wenn wir gestorben sind, bekommen wir vielleicht, wenn wir gut genug waren, das ewige

Leben. Die Schrift sieht das anders: Das ewige Leben kriegen wir entweder jetzt oder gar nicht. »Heute, wenn ihr seine Stimme hören werdet, so verstockt eure Herzen nicht!« (Hebräer 3, 7-8). Als der korrupte Zöllner Zachäus Jesus aufgenommen hatte, sagt der zu ihm: »Heute ist diesem Haus Heil widerfahren.« (Lukas 19, 9)

Das ist der Glanz des Evangeliums: Wenn wir Jesus in unser Leben als unseren Herrn und Retter aufnehmen, bekommen wir augenblicklich das ewige Leben und dürfen uns dessen gewiss sein.

Es kann sein, dass Sie sich im Blick auf sich selbst unsicher sind. Sie plagt die Frage: Werde ich durchhalten? Wenn ich in Sünde oder Zweifel falle, falle ich doch wieder aus dem ewigen Leben heraus – oder?

Ich möchte das mit einer kleinen Begebenheit beantworten:

Als unsere beiden Ältesten, Martin und Jörg, noch klein waren, sind wir mit ihnen einmal von Berlin nach Hannover geflogen. Martin war begeistert und lief dauernd hin und her. Plötzlich fing das Flugzeug an zu wackeln. Die Stimme der Stewardess ertönte: »Bitte nehmen Sie Ihre Plätze ein. Schnallen Sie sich zu Ihrer eigenen Sicherheit an. Wir kommen durch leichte Turbulenzen.« Ich rief Martin herbei. Er setzte sich neben seinen Bruder und schnallte sich an. Aus irgendeinem Grunde schaute ich aus dem Fenster und sah in der Ferne einen Fluss, die Elbe.

»Schau, Martin, da kommt ein Fluss«, sagte ich. Als ich keine Reaktion bekam, wandte ich mich zu ihm und sah, dass er sich abgeschnallt hatte und schon wieder im Gang herumlief. Dieser freche Bengel! Plötzlich stolperte er und fiel der Länge nach auf die Nase.

Was meinen Sie, was da Schreckliches passierte?

In dem Moment, als er stolperte und fiel, fiel er

natürlich durch das Flugzeug hindurch, kopfüber in die Elbe – so ist das doch, wenn man im Flugzeug fällt – oder?

Ach, wissen Sie, das Flugzeug, das den kleinen Lümmel umfing, war viel stärker als sein Sturz. Er konnte zwar fallen, aber er konnte nicht herausfallen.

So ist es auch, wenn wir »in Christus sind«. Da können wir auch fallen, aber wir können nicht mehr herausfallen. Jesus sagt einmal von den Menschen, die ihm gehören: »Sie werden nimmermehr umkommen und niemand wird sie aus meiner Hand reißen. Mein Vater, der sie mir gegeben hat, ist größer als alles, und niemand kann sie aus meines Vaters Hand reißen.« (Johannes 10,28-29)

Der entscheidende Schritt

ielleicht spüren Sie den Wunsch, Jesus aufzunehmen. Solche Sehnsucht nach ihm ist das Echo der Sehnsucht, die er nach Ihnen hat.

Sie wissen nicht, *wie* Sie ihn aufnehmen sollen?

Wir können bekanntlich nicht nur über ihn reden. Wir können auch mit ihm reden – das sollten Sie tun.

Sagen Sie es ihm doch in einem Gebet, dass Sie ihn aufnehmen möchten! Bitten Sie ihn, in Ihr Leben hineinzukommen. Wir nennen solch ein Gebet das *Gebet der Lebenshingabe*. Ich habe eines formuliert. Viele haben es schon gesprochen. Lesen Sie das nachstehende Gebet zuerst durch. Prüfen Sie, ob Sie nachvollziehen können, was da steht.

Wenn Sie damit übereinstimmen, sprechen Sie es für Ihre eigenen Ohren hörbar. Machen Sie die folgenden

Worte zu Ihrem Gebet:
Herr Jesus Christus,
Ich habe dein Wort (beim Lesen) gehört
und bin darüber froh geworden.

Du hast dich für mich kreuzigen lassen,
um mir alle Schuld zu nehmen!
Ich darf leben, trotz allem, was gegen mich spricht.

Was du mir angeboten hast,
dich selbst und damit ewiges Leben
nehme ich heute im Glauben an:

Komm zu mir.
Ich gebe dir mein Leben.

Danke, dass ich nun immer zu dir gehöre
und zu deiner Gemeinde aus allen Völkern.
Darauf habe ich dein Wort.

Stärke meinen Glauben;
gib mir ein gehorsames Herz;
lass mich leben zu deiner Ehre!

Danke, lieber Herr!

Amen

*

Wer aufrichtig so oder ähnlich mit Gott redet, gehört für ewig zu ihm. Er hat alles für Sie getan. Sie brauchten nur zu empfangen. Sie dürfen sich des ewigen Lebens gewiss sein.

Vielleicht plagt Sie noch eine Unsicherheit: Hat mich Jesus Christus auch wirklich angenommen, als ich im Gebet zu ihm gekommen bin?

Er hat gesagt: »Wer zu mir kommt, den werde ich nicht hinausstoßen.« (Johannes 6, 37b) Seien Sie unbesorgt. Er hat Sie angenommen. Er stößt Sie nicht hinaus.

Wie es weitergeht

Die Umkehr zu Jesus ist kein Abschluss, sondern ein Anfang. Es ist das Geborenwerden in die neue Existenz der Kinder Gottes: »Wie viele ihn aber aufnahmen, denen gab er Macht, Gottes Kinder zu werden, denen, die an seinen Namen glauben.« (Johannes 1, 12)

Paulus sagt: »Wie ihr nun den Herrn Christus Jesus aufgenommen habt, so lebt auch in ihm und seid in ihm verwurzelt und gegründet und fest im Glauben, wie ihr auch gelehrt worden seid, und seid reichlich dankbar.« (Kolosser 2, 6-7)

»*Wachset aber in der Gnade* und der Erkenntnis unseres Herrn und Heilands Jesus Christus.« (2. Petrus 3, 18)

Vier Dinge gehören dazu, im Glauben zu wachsen:

1. Ein Kind braucht, um sich gut zu entwickeln, die Geborgenheit einer Familie. Gleicherweise brauchen Christen *Gemeinschaft* mit anderen Christen. Die Notwendigkeit, in einer lebendigen Gemeinde Heimat zu finden, steht obenan.

2. Ein Kind braucht Nahrung, sonst kann es ebenfalls nicht leben. Christen brauchen als geistliche Speise *Gottes Wort*. Sie lesen die Bibel. Es wäre gut, wenn Sie Christen in Ihrer Nähe hätten, die Ihnen in der ersten

Zeit beim Bibellesen helfen. Darüber hinaus brauchen Christen die Predigt des Wortes Gottes, gesunde Lehre sowie das Sakrament des Heiligen Abendmahls.

3. Um leben zu können, braucht der Mensch frische Luft. *Beten ist das Atemholen der Seele.*

4. Unser Leib braucht Betätigung. Ebenso will sich unser Glaube im Tun bewähren. Wir werden reifen, wenn wir im *Gehorsam* aus Liebe zu Gott unseren Glauben in Wort und Tat praktizieren.

Um im Glauben zu wachsen, benötigt der Christ also:

Gemeinschaft, Gottes Wort, Gebet, Liebesgehorsam.

*

Kinder, die laufen lernen, fallen des Öfteren. Sie lassen sich jedoch niemals davon abbringen aufzustehen. Dass es Niederlagen im Glauben gibt und dass man fallen kann, weiß jeder, der glaubt. Dass man wieder aufstehen kann – vielleicht durch die Hilfe eines Mitchristen, eines Seelsorgers in der *persönlichen Beichte* – wird manchmal übersehen. Wenn wir fallen, so fallen wir doch nicht aus Gottes Hand. Wir fallen stets *in* Gottes Hand. Denken Sie an unseren Martin im Flugzeug. Vergessen Sie nicht, Jesus sagt: »Niemand wird sie aus meiner Hand reißen. Mein Vater, der sie mir gegeben hat, ist größer als alles, und niemand kann sie aus der Hand meines Vaters reißen.« (Johannes 10, 27-28)